Friedrich Schmidt

Über die Petrefakten der Kreideformation von der Insel Sachalin

Friedrich Schmidt

Über die Petrefakten der Kreideformation von der Insel Sachalin

ISBN/EAN: 9783744610100

Hergestellt in Europa, USA, Kanada, Australien, Japan

Cover: Foto ©ninafisch / pixelio.de

Weitere Bücher finden Sie auf **www.hansebooks.com**

MÉMOIRES

DE

L'ACADÉMIE IMPÉRIALE DES SCIENCES DE ST.-PÉTERSBOURG, VIIe SÉRIE.

TOME XIX, N° 3.

CBER DIE

PETREFAKTEN DER KREIDEFORMATION

VON DER

INSEL SACHALIN

VON

Mag. Fr. Schmidt,

Mitgliede der Akademie.

Mit acht Tafeln Abbildungen.

(Lu le 21 Mai 1872.)

ST.-PÉTERSBOURG, 1873.

Commissionnaires de l'Académie Impériale des sciences:

à St.-Pétersbourg: à Riga: à Odessa: à Leipzig:
MM. Eggers et Cie, H. Schmitzdorff,   M. N. Kymmel;   M. A. E. Kechribardshi;   M. Léopold Voss.
J. Issakof et A. Tcherkessof;

Prix: 1 Roubl 10 Kop. = 1 Thlr. 7 Ngr.

INHALT.

Einleitung.

Die erste Kenntniss von den interessanten und eigenthümlichen Petrefakten der Kreideformation auf Sachalin erhielt ich schon vor meiner Abreise an den Amur im Jahre 1859 bei Durchsicht der Sammlungen, die Herr Dr. H. Weyrich dort bereits im Jahre 1854 gemacht und dem akademischen Museum durch Herrn L. v. Schrenk hatte zukommen lassen. Es fand sich unter den Weyrich'schen Sachen eine der grossen Patellen vom Cap Dui, durch die ich zuerst auf diese interessante Localität aufmerksam gemacht wurde. Später fand ich in der Amur-Sammlung des Herrn C. v. Ditmar, die dieser in den Jahren 1855 und 1856 angelegt hatte, ein schönes Exemplar des Ammonites peramplus Sow. mit wohl erhaltener Lobenzeichnung, das Herr v. Ditmar zusammen mit einigen marinen sachalinschen Tertiärmuscheln durch einen Giläken erhalten hatte.

Ich selbst war im Jahre 1860 auf Sachalin und mein Reisegefährte P. v. Glehn in den Jahren 1860 und 1861. In dieser Zeit haben wir beide während längerer Stationen im russischen Posten Dui die Schichten von Cap Dui möglichst vollständig ausgebeutet, die eine sehr eigenthümliche, aber nicht artenreiche Fauna darboten. Ich glaubte nach der Rückkehr von Sachalin, ausser den aschgrauen Mergelkalken von Cap Dui, auch die weit verbreiteten weissen Kalkmergel von Süd-Sachalin der Kreideformation zurechnen zu dürfen und habe demnach in meiner vorläufigen geognostischen Uebersichtskarte des Amurlandes und der Insel Sachalin in den Beiträgen zur Kenntniss des russischen Reichs, herausgegeben von Bär und Helmersen, 25. Band, 1868, den ganzen Süden und Südwesten der Insel als zur Kreideformation gehörig angegeben. Bei genauerer Durchsicht meiner Sammlungen aber habe ich mich überzeugt, dass diese Mergel, nach ihren Fischbresten und wenigen Conchylien zu urtheilen, nur einen Theil der weit verbreiteten marinen Tertiärformation der Insel Sachalin ausmachen, deren Darstellung den Gegenstand meiner nächsten Arbeit bilden wird.

Die einzige Localität, die ich ausser der gut ausgebeuteten Fundgrube von Cap Dui nach eigenen Beobachtungen gegenwärtig noch namhaft machen kann, sind die Felsen südlich von Manue bei Cap Siraroro, in denen ich die charakteristischen Durchschnitte von

Inoceramenschalen, die durch ihre vertikal gestellten Fasern an Corallen erinnern, bemerkt habe.

Nichts desto weniger scheint es, als ob die Kreideformation, namentlich im Innern und im Osten der Insel, eine grosse Verbreitung habe.

Mein Freund, der Bergingenieur J. Lopatin, der in den Jahren 1867 und 1868 im Auftrag der Regierung Sachalin bereiste, um nutzbare Mineralien aufzusuchen, und der

bei dieser Gelegenheit die Insel an mehreren Stellen zu Fuss durchkreuzt, und längs ihrer ganzen damals noch fast ganz unbekannten Ostküste von Manue bis zur Tymymündung durchwandert hat,[1] sandte mir Kreideversteinerungen von Sachalin, ganz ähnlich denen von Dui und zum Theil in noch besserer Erhaltung ein, die an nicht weniger als an *fünf* neuen Localitäten gesammelt waren. 1) Am Uebergang vom Fl. Trukusnai (oder Rukusnai) nach der Ansiedlung Tria-tomari ganz im Süden der südwestlichen Halbinsel der Bai Aniwa. 2) Am oberen Lauf des Onneuai, da wo dieser aufhört schiffbar zu sein. Hier entdeckte Lopatin eine ganze Felsschlucht voll der schönsten Petrefakten, die er mit dem zurückkehrenden Boot nach Naipuzi und von hier nach Manue sandte; leider ist der grösste Theil der Sammlung auf diesem Wege verloren gegangen und nur ein Exemplar einer Patella in Lopatin's und nachher in meine Hände gekommen, das wenigstens bezeugt, dass in dieser Gegend des inneren Sachalin noch reiche Beute an Fossilien der Kreideformation zu machen ist. 3) Am Fluss Manue, einige Werst oberhalb seiner Mündung. 4) Am Cap der Geduld und am Cap Bellingshausen einige Inoceramenbruchstücke. 5) An der Ostküste in der Gegend des Cap Rimuik.

Obgleich wir gegenwärtig sechs bis sieben verschiedene Localitäten auf Sachalin haben, in denen Kreideversteinerungen gesammelt worden sind, so sind es doch eben nur einzelne Punkte, und wir haben noch keinen Begriff von dem Raum, den die Kreideformation auf der Oberfläche der Insel einnimmt und von

---

1) S. meine Mittheilung über Lopatin's Reise auf Sachalin in Petermann's Mittheilungen, 1870, p. 8–6.

den Grenzlinien, die sie von den weitverbreiteten tertiären Land- und Meeresbildungen scheiden, die längs der ganzen Küstenlinie und auch an vielen Stellen des Innern aufgeschlossen sind.

An eine einigermassen genügende Darstellung unserer Kreideformation auf der Karte dürfen wir daher für jetzt nicht denken. Ich begnüge mich, auf der baigegebénen Kartenskizze die oben angegebenen Localitäten zu markiren, an denen bisher Kreideversteinerungen auf Sachalin gefunden worden sind.

Sind die steilen Felsküsten der Insel auch nicht schwer zugänglich und bieten sie häufig lehrreiche Profile dar, so ist doch das Innere der Insel durchweg von dichtem, fast undurchdringlichem Walde bedeckt, durch den nur wenige Fusspfade für den geringen Verkehr der Eingeborenen führen. An eine genaue geognostische Aufnahme kann hier daher nicht sobald gedacht werden. Wir begnügen uns, nach Schilderung der Lagerungsverhältnisse der am genauesten bekannten Kreidelocalität von Cap Dui, mit einer Beschreibung der eingesammelten Petrefakten und den Folgerungen die aus denselben zu ziehen sind. Immerhin dürfen wir auf das Interesse der Fachgenossen Anspruch machen, da die Kreideformation auf Sachalin meines Wissens das erste Beispiel dieser Formation in Ost-Asien ist.

Was im Uebrigen unsere bisherige Kenntniss von der Geologie der Insel Sachalin betrifft, so verweise ich auf den historischen Bericht über meine Reise, zu dem auch die oben .tirte Karte gehört, in Bär und Helmersen's Beiträgen, Bd. 25, namentlich auf p. 56, 57, die Schilderung der Umgebung von Dui, p. 177, die geologische Uebersicht von Sachalin, und auf P. v. Glehn's Reisebericht von der Insel Sachalin, ebend. p. 242 und p. 277 ff.

Geognostische Angaben.

Aufzählung der Petrefakten nach den Fundorten.

Die im Eingange erwähnte petrefaktenreiche Localität von Cap Dui bietet in ihren Lagerungsverhältnissen Schwierigkeiten dar, die noch nicht vollkommen enträthselt sind. Das Cap Dui, etwas südlich von der Mündung des gleichnamigen Flusses und des an dieser Mündung gelegenen gleichnamigen Giläkendorfes, bildet die Scheide der grossen nach Norden sich erstreckenden Bai de la Jonquière und der kaum concaven, fast geradlinigen Bucht von Choindscho, an deren Südende, nahe dem Cap Choindschu, der russische Kohlenposten *Dui* liegt. An den steilen Ufern der Bucht von Choindscho treten wellenförmig gebogene Sand- und Thonschichten mit Zwischenlagern von tertiärer Kohle auf, die von dem genannten Posten aus ausgebeutet wird. Die ziemlich reichhaltigen Sammlungen von Pflanzenabdrücken, die wir in den die Kohle begleitenden Schieferthonen gemacht haben, zeigen, dass wir es hier mit einer Fortsetzung der miocänen Braunkohlenbildungen von Kam-

1*

tschatka und Aljaska zu thun haben, die von Göppert und Heer bearbeitet sind. In einer späteren Arbeit werde ich mich mit der Verarbeitung der sachalinschen und der ihr verwandten mandschurischen Miocenflora beschäftigen. An Einer Stelle der Bucht Choindschu, nördlich vom Posten, hat Glehn die Auflagerung von Sandsteinen mit tertiären Meeresmollusken auf den Schichten mit miocänen Pflanzenresten beobachtet. In der Bai de la Jonquière, von der Mündung des Dniflusses an, treten diese marinen Tertiärsandsteine mit geringer Neigung nach Westen ins Meeresniveau und setzen sich auf einer bedeutenden Strecke nach Norden fort, zuweilen unterbrochen von miocänen Braunkohlenlagern, mit den sie begleitenden Pflanzenresten.

An dem scharf vorspringenden Cap Dui, das aus einem dichten, schwarzen, trappartigen Gestein besteht, treten nun an seiner Nordseite, an der von SW. nach NO. verlaufenden Küstenstrecke zwischen dem Cap und dem Fluss Dui die zu besprechenden Schichten der Kreideformation in steil aufgerichteter, nach W. fallender Lage auf, wie der beistehende Holzschnitt andeutet.

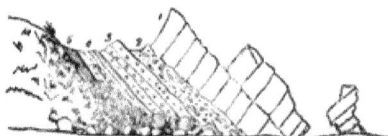

1) Trapp. 2) Conglomerat und petrefaktenleerer Sandstein 3) Aschgrauer Kalkmergel der Kreideformation.
4) Petrefaktenleerer Sandstein. 5) Thoniger Sandstein und Schieferthon mit Kohle.

Die der Kreideformation angehörige Schichtenlage aus aschgrauem mergeligem Kalkstein gebildet und etwa 30 F. mächtig, scheint einer übergekippten Schichtenfalte anzugehören, da sie nach Osten auf tertiären Sandsteinen mit Kohlen und Dicotyledonenblättern (*Alnus Kefersteinii Göpp.*) aufliegt. Das Profil ist nur auf eine kurze Strecke hart am Cap, deutlich, weiter nach Osten bis zur Flussmündung ist der ganze Abhang mit Schutt und Vegetation bedeckt, so dass man die richtigen Lagerungsverhältnisse nur aus paläontologischen Betrachtungen erschliessen kann.

Von der Flussmündung an treten wieder, wie schon erwähnt, wenig geneigte marine Tertiärsandsteine auf.

Ein direkter Contact der Kreideschichten mit dem tertiären Kohlensandstein ist übrigens nicht beobachtet (s. d. Holzschnitt), da beide Lager noch durch einen petrefaktenleeren Sandstein getrennt sind und auch dieser nicht in unmittelbare Berührung mit den kohlenführenden Tertiärschichten tritt. Das Trappgestein ist von dem Kreidemergel ebenfalls durch eine Schicht von petrefaktenleerem Sandstein und Conglomerat getrennt. Es besteht aus zwei etwa 10 F. mächtigen Lagern, die in concordanter Lagerung auf dem eben genannten Sandstein aufruhen. Diese Lager sind wiederum durch Verticalspalten in basaltartige Glieder getheilt, die sich so scharf von einander getrennt halten, dass unten am Fuss der zweiten Trapplage eine überhängende Spiegelfläche sich zeigt, die durch Abbrechen eines Theils dieser Lage, entsprechend den verticalen Spaltungsflächen, entstanden ist.

Hart vor dem Cap Dui, im Meere, liegen noch drei kleine Felsinseln, aus dem nämlichen Trappgestein gebildet, und von der Hauptmasse abgelöst, deren bizarre Formen mit der Spaltungs- und Lagerungsrichtung des Trappes zusammenhängen.

Der aschgraue Kalkmergel mit Kreidefossilien wechselt sehr in seiner Consistenz, stellweise ist er fast erdig, stellweise wird er wieder zu einem festen, fast krystallinischen grauen Kalkstein. Stellenweise nimmt er die sehr ausgeprägte Struktur eines Tutenmergels an. Die Petrefakten sind sehr ungleich in ihm vertheilt: manche Parthieen erscheinen fast petrefaktenleer, andere wiederum bestehen fast aus einem Conglomerat von Inoceramenschaalen, die weitaus vor anderen Fossilien vorherrschen. Ihre Schaalenbruchstücke durchziehen das ganze Gestein und fallen im Durchschnitt durch die oft fingerdicke vertikal gestreifte Faserschicht sofort in die Augen. Diese mächtigen Durchschnitte der Faserschicht von grossen Inoceramen sind geradezu leitend für die Sachalinsche Kreideformation, obgleich sie den Beobachter verleiten, sie für Corallen zu halten, wie es mir und auch Lopatin zu Anfang gegangen ist. Die Inoceramen erreichen eine bedeutende Grösse, bis über einen Fuss, kommen fast immer in einzelnen getrennten Schaalen vor und zeigen nur die Faserschicht erhalten, die sich bisweilen vom Gestein sehr schön hat trennen lassen. Von der Perlmutterschicht haben sich nur selten einige eigenthümlich schwarz glänzende Parthieen erhalten. Die Abdrücke oder Steinkerne der Inoceramen erscheinen gewöhnlich schwarz gefärbt, was mit der Zerstörung der inneren Schaalenschicht zusammenhängen mag; die mit der Faserschicht bedeckten Exemplare grau oder graubraun, glänzend.

Die Inoceramenschaalen, leider nur selten vollständig erhalten, nehmen über die Hälfte meiner Sammlung von Dui ein und füllen in über 100 Exemplaren vier grosse Schiebladen. Sie gehören alle den radial und zugleich concentrisch gerippten Formen an, von denen bis jetzt nur der *Inoceramus undulato-plicatus F. Röm.* aus Texas, der *I. digitatus Sow.* aus der englischen und deutschen Kreide und *I. diversus* aus der indischen Kreide bekannt geworden sind, die ich sämmtlich mit meiner Form vereinige.

Ausser den Inoceramen erscheint als besonders charakteristisch für die Sachalinsche Kreideformation eine riesenhafte (bis einen Quadratfuss grosse), dick gerippte Patella, die in mannigfaltigen Variationen auftritt, welche ich nach genauer Vergleichung meiner 40—50 Exemplare alle zu Einer Art zu bringen genöthigt bin, die ich zur Gattung *Helcion Montf.* bringe und *Helcion giganteus* nenne.

Die übrigen Gasteropoden und Acephalen sind in geringerer Zahl von Arten und Individuen vorhanden und scheinen (bis auf die zahlreichen Cucullaeen) nicht besonders charakteristisch für die Sachalinsche Kreideformation zu sein. Ich nenne namentlich *Anomia variata* Stol., zwei neue *Pholadomyen*, *Pecten sp.*, *Goniomya sp.*, *Cucullaea striatella* Mich., *sachalinensis n. sp.*, *Protocardia sp.*, *Trigonia sp.*, *Trachytriton*, *sachalinensis n. sp.*, *Solariella radiatula* Forb.

Von niederen Thieren kann ich nur eine *Serpula* und das Bruchstück eines Encrinitenstiels anführen.

Von Brachiopoden sind ziemlich zahlreiche *Rhynchonellen* vorhanden, die sämmtlich zu der vielgestaltigen *R. plicatilis* nach Bronn gehören. Die Schaalen lösen sich schwer vollständig aus dem Gestein und zerblättern leicht, daher ist die Schlossgegend selten gut erhalten und die genauere Bestimmung erschwert.

Von Cephalopoden habe ich einen Nautilus, der in den Formenkreis des unsicheren *N. pseudo-elegans d'Orb.* gehört, der sowohl aus dem Neocom Frankreichs, als aus der höheren Kreide Indiens angeführt wird, ausserdem mehrere bekannte Ammoniten: *A. peramplus* Sow., die häufigste Art, in mannigfachen Abänderungen; *A. Velledae d'Orb.*, *A. Timotheanus Pict.* und *A. Sacya Forb.* *A. peramplus* und *Sacya* erreichen über einen Fuss im Durchmesser, zeigen aber dann nur undeutliche Zeichnung.

Noch muss ich hervorheben, dass in den grauen Mergelkalken von Dui häufig sowohl Ammoniten als Schnecken und Muscheln vorkommen, die bei zerstörter Schaale auf den Steinkernen die volle Oberflächenzeichnung erkennen lassen; ein ähnliches Verhalten soll nach Zittel zuweilen auch bei den Gosaupetrefakten vorkommen.

Die übrigen Localitäten auf Sachalin, von denen ich Proben habe, scheinen, soweit ich von ihnen mehrere Petrefakten als blosse Bruchstücke von Inoceramen erhalten habe, vielleicht noch reicher zu sein als die von Dui. Nach dem Gestein und der Vergesellschaftung der Petrefakten gehören sie durchaus zu demselben Niveau wie die Schichten von Dui. Wir lernen also wahrscheinlich jetzt nur einen geringen Theil einer ausgedehnten Meeresablagerung kennen, deren Fortsetzung zunächst auf Jesso zu suchen ist.

In ein paar kleinen Proben vom Trukusnai, die Lopatin mitgebracht hat, fand ich in einem braun-grauen, muschelreichen, mergeligen Kalk *Inoceramus digitatus*, *Anomia variata*, *Solariella radiatula*, ein schönes Exemplar von *Ammonites Timotheanus* und *Ptychoceras gaultinum aff.*

Vom Floss Manne hat Lopatin die Bruchstücke eines riesigen *Ammonites peramplus* von 2 Fuss im Durchmesser mitgebracht, der von der Felswand herabgestürzt war. Das Gestein war ein gelblicher Kalk. Da die Theile der äusseren Windungen, die in meine Hände kamen, schlecht erhalten waren, so zerschlug ich sie und kam dadurch in den Besitz von einigen wohl erhaltenen Inoceramen, *Cucullaea sachalinensis*, *Anomia variata*, *Helcion giganteus* und *Rhynchonellen*.

Die Sammlung aus der Petrefaktenschlucht am Onnenai ist, wie oben erwähnt, leider verloren gegangen und nur Ein wohl erhaltenes Exemplar des *Helcion giganteus* in meine Hände gelangt, das die Richtigkeit von Lopatin's Schichtenbestimmung bezeugt. Nach seiner mündlichen Mittheilung waren die Fossilien viel besser erhalten als in Dui. Die Kiste mit der Sammlung, die er mit den Soldaten nach Manue schickte, die ihm zu Boot den Onnenai hinaufgebracht hatten, ging beim Uebersetzen über eine Flussmünduug verloren.

Am meisten abweichend von den übrigen ist die Localität von Cap Rymnik, wo nach den Proben, die Lopatin mitgebracht hat, ein fester, grauer, splittriger Kalk ansteht, in dem ich ausser *Inoceramen*-Bruchstücken einen *Ammonites planulatus* Sow., eine *Patella*, einen *Turbo* und *Anomia cariata* gefunden habe.

Leider ist jetzt nicht sobald Aussicht da, dass auch die anderen, von Lopatin entdeckten Localitäten von Sachalin vollständiger ausgebeutet werden, denn bis jetzt kann eigentlich nur der Fundort von Dui als einigermaassen erschöpft gelten, da sowohl Glehn als ich hier wochenlang gearbeitet haben und auch Lopatin später noch eine Nachlese gehalten hat.

Immerhin müssen wir aber Lopatin unsere volle Anerkennung darbringen für die Sorgfalt, mit der er auf beschwerlichen Fussreisen durchs Innere und längs der Ostküste von Sachalin so viel neue Fundstellen aufgesucht hat, die ohne ihn wohl gänzlich verborgen geblieben wären, da sie entfernt von den leicht zugänglichen Punkten der Insel liegen, zu denen in erster Linie Cap Dui gehört.

Vergleichung der Sachalinschen Kreidepetrefakten mit denen anderer Gegenden und Versuch der Feststellung ihres geognostischen Horizonts.

Dass wir es auf Sachalin überhaupt mit einem Gliede der Kreideformation zu thun haben, das kann bei einem Blick auf die Petrefakten nicht zweifelhaft erscheinen; die grossen gerippten Inoceramen, der *Ammonites peramplus*, sowie die übrigen Cephalopoden sprechen zu deutlich. Bei der grossen Entfernung der Sachalinschen Kreideablagerungen aber von anderen bekannten Vorkommnissen der Kreideformation war es von vorn herein zu erwarten, dass wir in der genaueren Parallelisirung Schwierigkeiten begegnen würden. Nichtsdestoweniger sind von den etwa 25 Arten, die ich unterschieden habe, schon 10—11 aus anderen Kreidegebieten der alten Welt bekannt.

Gerade diese sicher bestimmten Arten erhöhen aber die Schwierigkeit der Vergleichung. Während zwei der häufigsten Arten, *Inoceramus digitatus* Sow. und *Ammonites peramplus*, zu denen noch *Solariella radiatula* Forb. und *Rhynchonella plicatilis* Sow. kommen, unbedingt auf höhere Glieder der Kreideformation, mindestens auf das Turon, hinweisen, führen uns *Ammonites Velledae*, *Thimotheanus*, *planulatus*, *Ptychoceras gaultinus*, *Cucullaea striatella* Mich. (*Arca carinata* Sow.) zum Gault, wobei wir allerdings zu unserer Beruhigung schon jetzt hervorheben können, dass alle diese genannten Arten auch schon aus höheren Schichten aufgeführt worden sind. *Nautilus pseudo-elegans* d'Orb. ist endlich gar ursprünglich im Neocom aufgestellt, kommt aber ebenfalls (namentlich in Indien) auch in höheren Schichten vor.

Einen ganz eigenthümlichen Charakter erhält die Sachalinsche Kreideablagerung durch die zahlreichen, vielfach variirenden riesenhaften Patellen- oder Helcionformen, denen wir nichts Aehnliches in anderen Kreideterritorien an die Seite stellen können.

Bei der speciellen Vergleichung mit anderen Kreidegebieten finden wir die grösste Verwandtschaft mit der süd-indischen Kreidefauna, da nicht weniger als 9 Arten, nämlich sämmtliche Cephalopoden, unter denen der bisher specifisch indische *Ammonites Sacya* Forb., *Solariella radiatula* Forb. und unsere Haupt-Leitmuschel, der *Inoceramus digitatus* (*I. diversus* Stol.), sich dort wiederfinden. In dem grossen und schönen Werk über die süd-indischen Kreidefossilien von Dr. F. Stoliczka (Palaeontologia indica. Cretaceous fauna of southern India) finden wir nun auch ähnliche Verhältnisse in der Vertheilung der organischen Ueberreste dargelegt, die uns in der Ansicht von der Zusammengehörigkeit der beiderseitigen Bildungen bestärken. Auch dort weist ein Theil der Petrefakten (eine beträchtliche Zahl der mit Europäischen Formen identischen Cephalopoden) auf Gault hin, während andere (die Acephalen und Gasteropoden) für eine Parallelisirung mit höheren Kreideschichten sprechen. Dr. Stoliczka kommt bei Discutirung dieser Schwierigkeit schliesslich zu dem Resultate, dass die süd-indischen Ablagerungen den mittleren und oberen Abtheilungen der Kreideformation, vom Cenoman an hinauf, zu vergleichen seien, weil die erwähnten Gault-Ammoniten meistens solchen Arten angehören, die auch in Europa in höhere Schichten hinaufsteigen, wie wir das von unseren Gaultformen auch schon oben erwähnt haben. Dabei können wir aber nicht verschweigen, dass die Beziehungen zum Gault bei unseren Formen stärker sind als bei den Indischen, da ausser dem Hinzutreten der allerdings auch in Europa höher hinaufgehenden Gaultmuschel *Cucullaea striatella* Mich., bei zweien unserer Ammoniten, dem *A. Timotheanus* und *A. planulatus* die Lobenzeichnung viel genauer mit den Europäischen Gaultoriginalen übereinstimmt als mit den gleichnamigen indischen Formen.

Es bleibt uns daher zum Schluss nur übrig, bei Anerkennung einer grossen Verwandtschaft mit der süd-indischen Kreideformation, namentlich mit deren unteren Gliedern, der Ootatoor- und Trichinopoly-Gruppe, die Sachalinschen Ablagerungen dieser Formation vorläufig etwa mit den mittleren Gliedern der Kreideformation (dem Cenoman) in Europa zu vergleichen und das Endresultat von einer vollständigeren Ausbeutung auch der übrigen Sachalinschen Kreidelocalitäten (ausser Dui) zu erwarten, wozu freilich einstweilen wenig Aussicht ist.

Noch muss ich hervorheben, dass auch unsere Sachalinsche Sammlung wie die indische Kreidefauna für die Zusammengehörigkeit der asiatischen und europäischen Kreidefauna spricht, also für eine der jetzigen annähernd gleichartige Vertheilung der Oceane.

Mit der gegenüber liegenden, ebenfalls sehr artenreichen californischen Kreideformation (s. deren Bearbeitung durch Gabb in der Palaeontologia californica I, II) haben wir durchaus keine einzige Art gemein, und erst in dem entfernteren Texas glaube ich zwei unserer Leitfossilien, den *Ammonites peramplus* Sow. und *Inoceramus digitatus* Sow. im

Ammonites flaccidicosta F. Römer und *Inoceramus nodulato-plicatus F. Römer* wieder zu erkennen.

Neuerdings hat Hr. v. Eichwald[1] auch von einer Turon-Kreide in Aljaska gesprochen; es thut mir leid, mich hier durchaus negativ aussprechen zu müssen. Die betreffenden Petrefakten, zum Theil schon früher von Grewingk (in den Verhandlungen der St. Petersb. mineralogisch. Gesellsch. 1850) besprochen und als tertiäre erkannt, gehören einer ausgedehnten pliocänen Tertiärbildung an, die etwa dem englischen rothen Crag entspricht und von Sachalin über Kamtschatka, die Aleuten und Aljaska bis Oregon und Californien nachgewiesen ist. Meine nächste grössere Arbeit wird die Fauna dieser Tertiärbildung ausführlich erörtern. Ich erwähne dieser Sache hier nur, um dem Vorwurfe zu entgehen, dass ich eine räumlich verhältnissmässig naheliegende Kreidebildung ausser Acht gelassen habe.

Eher wäre an eine Verbindung der Sachalinschen Kreideschichten mit den grünsandartigen Bildungen an der Mündung des Jenissei zu denken, da ich in dem dort vorherrschenden *Inoceramus* den *I. Cuvitzianus Stol.* wieder zu erkennen glaube[2] und auch die dort als Geschiebe gefundene *Micrabacia coronula Goldf.* für ein cenomanes Alter der dortigen Ablagerungen spricht.

Die letztgenannten Bildungen sind eine reine Küstenform, was durch reichliches Vorkommen von versteinertem Holz und den Mangel von Brachiopoden constatirt wird, aber auch die Sachalinschen Schichten sind nach den reichlichen Patellen und einigen allerdings seltenen Bruchstücken von verkiestem Holz (bei Dui) zu urtheilen, in keinem tiefen Meeresbecken abgelagert, wofür immerhin die Rhynchonellen sprechen würden.

Cephalopoden.

Nautilus pseudo-elegans d'Orb. T. 1, f. 1, 2.

　　Nautilus pseudo-elegans d'Orb. terr. crét. I, p. 70, pl. 8, 9.

　　»　　　　»　　　Pictet, palaeont. suisse, terr. crét. de St. Croix, II. ser.
　　　　　　　　　　　p. 123, t. 14, 14 bis.

　　»　　　　»　　　Blanford, Palaeontol. indica, crét. cephalop. of south. India
　　　　　　　　　　　p. 33, t. 17, f. 3, t. 18, f. 3, t. 19, t. 20, f. 1.

　　»　　　　»　　　Stoliczka, ebend p. 210, t. 93, f. 3.

　　»　　　　»　　　Eichwald, Leth. ross. per. moy. p. 1029.

Maasse.	Durchmesser.	Dreite d. letzten Windung.	Höhe derselben.
	130 mm.	115 mm.	58 mm.
	199 »	— »	80 »

---

1 Geognostisch-palaeontologische Bemerkungen über die Halbinsel Mangischlak und die aleutischen Inseln von Dr. Eduard von Eichwald. S. 116 ff.
2 Ueber die Gattung *Lopatinia* und einige andere Petrefakten aus den mesozoischen Schichten am unteren Jenissei in den Verhandlungen der St. Petersb. mineral. Gesellsch. 1872.

Es liegen uns zwei Exemplare vor, das eine ziemlich vollständig, mit erhaltener Schaale; das andere, grössere, verdrückt und zerbrochen. Wie Pictet a. a. O., citire ich hier auch nicht den *Nautilus pseudo-elegans* von Sharpe in Palaeontogr. soc. Mollusca of the chalk p. 13, t. 4, f. 2, da dieser einer stark zusammengedrückten Form mit deutlichem Nabel angehört.

Unsere Form entspricht der d'Orbigny'schen Darstellung und der entsprechenden Varietät 1 bei Pictet sehr gut, nur ist sie durch ihre Dicke ausgezeichnet, die noch etwas über das von Pictet beobachtete Extrem hinausgeht. Bei dem Exemplar mit erhaltener Schaale ist kein Nabel vorhanden, wohl aber beim Steinkern.

Die Siphonalöffnung liegt ziemlich genau in $\frac{1}{3}$ der Höhe der Scheidewände (von der nächstinneren Windung gerechnet); bei der stark concaven Form dieser letzteren (von der Mündung gesehen), ist die Entfernung der Oeffnung von der inneren Seite der Höhe 21 mm., von der äusseren 42, bei einer Gesammthöhe von 58 mm.

Die Scheidewände entsprechen den Darstellungen von d'Orbigny und Pictet. Die Oberflächenzeichnung stimmt am besten zu d'Orbigny's t. 9. Auf dem Rücken der letzten Windung sieht man deutlich 3—4 mm. breite, flachgewölbte Querrippen. Sie bilden einen stärkeren, nach der Innenseite gewandten Bogen und zwei seitliche schwächere, deren Krümmung nach der Mündung sieht. Nach der Mündung zu wird die Krümmung des Mittelbogens schwächer. Er ist durchaus gerundet und kein Winkel an seinem Scheitel zu erkennen, wie bei den indischen Exemplaren angegeben wird.

Fundort. Bei Cap Dui.

Ammonites Velledae Mich. T. 1, f. 3, 4.

Ammonites Velledae Mich. d'Orbigny terr. crét. p. 280, t. 82.

		Pictet et Roux Moll. des grès verts p. 30, t. 2, f. 1.
»	»	Pictet palaeontol. suisse terr. crét. St. Croix, II. sér., p. 268, t. 36, f. 8.
»	»	Stoliczka l. c., p. 116, t. 59, f. 1—4.

Es liegt mir ein unvollständiger zusammengedrückter Steinkern von 91 mm. Durchmesser vor, der, wie viele der Sachalinschen Steinkerne, die Oberflächensculptur erhalten zeigt, die in Uebereinstimmung mit der allgemeinen Form des Gehäuses und den freilich nur schwer erkennbaren Scheidewänden die obige Bestimmung als ziemlich sicher erscheinen lässt. Namentlich stimmen die nach dem Rücken stärkeren, nach dem Nabel viel zarteren, geschwungenen Querrippen vollkommen zu den bekannten Darstellungen, besonders zur d'Orbigny'schen Abbildung.

Ammonites Velledae gehört bekanntlich zu der Gruppe der Heterophylli oder zur Untergattung *Phylloceras* Süss, die ich in der Aufschrift nicht angedeutet habe, weil die folgenden sämmtlich zur unbestimmt begrenzten Gruppe der *Ligati d'Orb* gehörigen Arten noch nicht in die neu vorgeschlagenen Subgenera zu vertheilen sind.

Ammonites Velledae ist eine in Europa weit verbreitete Art, die von ihrem Hauptlager im Gault eiuerseits zum Neocom hinab, andererseits zum Cenoman hinaufsteigt; ihr Vorkommen auf Sachalin ist also nichts sehr auffälliges. Ebenso ist die Art aus der der unseren nahestehenden süd-indischen Kreideformation bekannt.

Fundort. Dui.

Ammonites peramplus Mant. T. I. f. 8—15.

Ammonites peramplus Mant. Sow. Min. Conch. Vol. IV, p. 79, t. 357.
» » » d'Orb. terr. cret. I, p. 333, t. 100, f. 1, 2.
» » » Quenstedt, Ceph. Deutschl. p. 216.
» » » Geinitz, Quader-andsteingeb. Deutschl. p. 116, t. 5, f. 1, 2.
» » » Sharpe, Cephal. of Chalk, p. 26, t. 10.
» » » Pictet Matér. Palaeont.Suiss.Foss.d.St.Croix I, p. 354.
» » » Stoliczka I. c. p. 130, t. 65, f. 1, 2.
» » » F. Römer, Geologie v. Oberschlesien, p. 319, t. 35, f. 5.
Ammonites Prosperianus d'Orb. terr. cret. p. 335, t. 100, f. 3, 4.
» flaccidicosta F. Römer, Kreideversteiner. Texas p. 33, t. f. 1.
» Vaju Stoliczka I. c. p. 132, t. 65, f. 3.
» Denissonianus Stol. I. c. p. 133, t. 65, f. 4, t. 66, t. 66 a.

Maasse:

Durchmesser der Scheibe.	Nabelweite.	Höhe d. letzt. Wind. in d. Mitte von Sipho zu Sipho.	Gesammthöhe.	Breite der letzten Windung.
1) 220 mm.	75 mm.	75 mm.	105 mm.	110 mm.
2) 220 »	65 »	65 »	95 »	105 »
3) 200 »	— »	65 »	85 »	95 »
4) 62 »	18 »	19 »	28 »	26 »
5) 75 »	25 »	— »	31 »	32 »

Die Sachalinschen Exemplare, von denen mir etwa ein Dutzend mehr oder weniger vollständige Stücke vorliegen, gleichen am meisten den indischen und schwanken in ihren Formen zwischen dem *A. peramplus* und *A. Vaju Stol.* zu *Denissonianus Stol.* Auch der texanische *A. flaccidicosta Römer* stimmt mit manchen Exemplaren gut überein. Von europäischen Exemplaren unterscheiden sie sich durch ihre grössere Anzahl von Hauptrippen mit knotiger Endigung am Nabel, deren ich bei meinen verschiedenen Stücken von 8—12 finde, ebenso dadurch, dass die Querrippen auch bei grösseren Exemplaren auf dem Rücken meist noch deutlich erkennbar sind. Diese Rippen sind immer deutlich nach vorn gebogen, wenn auch nicht immer so stark wie auf der citirten Abbildung bei Stoliczka. Auf einzelnen zusammengedrückten Steinkernen (f. 11), die wie manche andere Sachalinschen Petrefakten, die Oberflächensculptur vollständig wiedergeben, sind die Querrippen besonders deutlich und zeigen kaum eine Abnahme in ihrer Stärke nach dem Rücken zu. Es gilt

2*

dieses sowohl von den Haupt- als den Nebenrippen, welche letzteren zu 2—4 zwischen den knotentragenden Hauptrippen in der Nabelgegend schwach beginnend nach den Seiten und dem Rücken zu sich verstärken. Es liegt mir aber auch ein fast ganz glattes Exemplar vor, dessen Maasse unter 3) angegeben sind, das nur auf den Seiten schwache Andeutungen von Querrippen zeigt: die Nabelgegend mit den inneren Windungen fehlen bei diesem Stück. Das Stück 4), dessen Schaale zum Theil entfernt ist, zeigt auf dem Rücken am Steinkern einen ähnlichen rippenlosen Zwischenraum wie der Römersche *A. flaccidicosta*. Der grosse in ¼ natürl. Grösse abgebildete Abdruck f. 13, der von einem 240 mm. im Durchmesser haltenden Exemplar von Manuo herstammt, dessen äussere Windungen mir ebenfalls vorliegen, zeigt auf diesen letzteren gegen 15 Hauptrippen mit wenig markirtem knotigen Grunde, die auch auf dem Rücken noch deutlich sind. Zwischen den Hauptrippen erscheinen auf diesem Stück einzelne Nebenrippen, die auf der Mitte der Seiten beginnen. Dieses Stück erinnert sehr an *Denissonianus* St. sowie auch das Stück 4), (f. 19) bei dem die inneren Windungen schwächere Knoten zu haben scheinen.

Bei *A. Denissonianus* werde ich irre, weil Stoliczka ihn mit *planulatus* und nicht mit *perannplus* vergleicht, in dessen nächste Nähe er mir nach den Tafeln zu gehören scheint. *A. planulatus* zeigt auf dem Steinkern nur Furchen und keine Rippen, oder ganz schwache, während bei meinen Exemplaren von *A. perannplus* die Furchen überhaupt so wenig in die Augen fallen, dass man hier nicht an *planulatus* denken mag. Bei meinen sind die Rippen oft so schwach knotig, dass man zweifelt, ob Knoten da sind und bei *Denissonianus* sieht man auch Anlagen von Knoten. Die Loben zeigen auch keine hinreichende Unterschiede.

Einer der vorerwähnten Steinkerne mit deutlicher Oberflächenskulptur (f. 12) zeigt auch die Mundöffnung erhalten, die entsprechend dem Verlauf der Querrippen, einen stumpf vorspringenden Schnabel an ihrer freien Seite zeigt.

Die von mehreren Autoren angegebenen Querfurchen, die die Hauptrippen begleiten, wie bei den indischen Exemplaren, sind bei den meinigen meist schwach ausgeprägt, oder fehlen ganz; ich besitze aber auch Exemplare, an denen einzelne Furchen deutlich sind.

Der Rücken ist schmäler als bei den indischen Exemplaren und die inneren Windungen von den äusseren stärker, bis über ¹, bedeckt. Im Durchschnitt erscheinen die Windungen also ausgesprochener herzförmig.

Im Ganzen sind die Windungen stärker seitlich zusammengedrückt, namentlich bei jüngeren Exemplaren, bei denen die Gesammthöhe des Windungsdurchschnitts die Breite desselben übertrifft.

Der Nabel ist steil, aber nicht senkrecht, in seiner Weite mit der Höhe der letzten Windung nahe übereinstimmend.

Die Scheidewände habe ich nur bei dem unter 4) gemessenen Exemplar in f. 15 genau darstellen können; bei den grösseren Exemplaren laufen sie unentwirrbar in einander. Nach der erwähnten Zeichnung sieht man die nahe Uebereinstimmung mit der Lobenzeichnung der indischen Formen. Der erste Laterallobus ist nur wenig länger als der Dorsal- oder

Siphonallobus. Der Nabel beginnt bei meinem Exemplar mit dem dritten Lobus, zuweilen auch zwischen dem dritten und vierten. Ich habe bis drei Hülfsloben erkennen können, die nach dem Nabel zu eine deutlich rückwärts gehende bogenförmige Linie verfolgen. Sie sind bedeutend kleiner als die Hauptlohen.

Die englischen Exemplare, s. Sharpe l. c., zeigen bei gleicher Grösse weniger entwickelte Loben und breitere Sättel, auch scheint bei ihnen die Zahl 6 für die knotigen Rippen bis zu bedeutenderer Grösse der Exemplare vorzuherrschen, während bei unserem kleinsten wohl erhaltenen Exemplar 4) auch die inneren Windungen schon 10 Knoten erkennen lassen.

Ich will nicht gerade die drei Arten in Indien vereinigen, theile aber mit, was ich sehe. Es sind ähnliche Variationen da wie in Indien und im Zusammenbang deutlicher; so breite Windungen wie bei peramplus Stol. kenne ich nicht, solche sind aber auch in Europa nicht bekannt.

Noch liegt mir ein kleines Exemplar vor, das T. I, f. 14 in natürlicher Grösse abgebildet ist und gut mit dem A. Prosperianus d'Orb. übereinstimmt, der allgemein für den jungen A. peramplus gilt. Bei diesem Exemplar lassen sich nur 6 knotige Hauptrippen erkennen, die von deutlichen Querfurchen begleitet sind, zwischen ihnen sieht man 3—4 schwächere Rippen, die wie die erstgenannten auf dem Rücken eine deutliche Biegung nach vorn zeigen. Das erwähnte Exemplar stimmt übrigens in seiner Skulptur bis auf die stärker ausgeprägten Furchen ganz mit den oben besprochenen Kernen (f. 11) mit erhaltener Oberflächenskulptur überein.

Aus Allem geht hervor, dass A. peramplus eine ziemlich vielgestaltige Art ist, die in den mittleren Schichten der Kreideformation eine grosse Rolle spielt. Ich habe im obigen versucht, die Eigenthümlichkeiten der Sachalinschen Formen hervorzuheben, halte es aber nicht für rathsam, dieselben von den übrigen, namentlich den indischen, zu trennen, deren Lager ja auch im übrigen zunächst mit dem meinigen auf Sachalin übereinzustimmen scheint.

Fundort. Dui, ziemlich häufig. Grössere, über einen Fuss im Durchmesser haltende Exemplare wurden ebenfalls beobachtet, aber nicht mitgenommen. Ausserdem liegt mir ein grosses Exemplar nebst Abdruck vom Manueflluss vor, das Lopatin mitgebracht hat.

Ammonites planulatus Sow. T. I, f. 5—7.

Ammonites planulatus Sow. Min. Conch. Vol. 6, p. 136, t. 570, f. 5.

»	»	» Quenstedt, Ceph. Deutschl. p. 221, t. 17, f. 13.
»	»	» Sharpe, Cephal. of Chalk, p. 28, t. 11, f. 3.
»	»	» Stoliczka l. c. p. 134, t. 67, 68.
»	Mayorianus Pict. et Roux foss. d. Gres Verts, p. 37, t. 2, f. 5.	
»	»	d'Orb. pal. franc. terr. crét. I, 267, t. 79.
»	»	Pict. Pal. Suisse Foss. d. St. Croix I, p. 283.

Von dieser Art liegt uns nur ein Bruchstück vor, das wir in natürlicher Grösse haben abbilden lassen. Es ist zum grössten Theil Steinkern, auf dem die charakteristischen tiefen Furchen, die mit den entsprechenden der inneren Windungen in Einer Linie liegen, deutlich wahrnehmbar sind. Auch die auf dem Rücken nach vorn gebogenen, ziemlich starken Seitenrippen sind deutlich zu erkennen, sowie die scheibenförmig zusammengedrückte Form des Gehäuses. Im Durchschnitt erscheinen die Windungen oval, am Grunde herzförmig eingeschnitten, wenig breiter (11 mm.) als hoch (10 mm. vom Sipho oder der Rückenmitte der inneren Windung zu der äusseren gemessen); die ganze Höhe beträgt 12,5 Mm. Von der Sutur lassen sich nur die beiden Laterailoben beobachten, die vortrefflich zu der Darstellung bei d'Orbigny passen. Der erste Lateral ist viel grösser und immer dreitheilig, ohne Hinneigung zur Zweitheilung wie die indischen Exemplare, nach denen Stoliczka schon l. c. p. 136 eine ungenaue Darstellung in d'Orbigny's Figur anzunehmen geneigt ist.

A. planulatus Sow. ist, wie die meisten unserer Ammoniten, eine in den mittleren Kreideschichten weit verbreitete Art, und ist ausser in Europa auch schon im Kaukasus und den Anden nachgewiesen.

Fundort. Ein unvollständiges Exemplar bei C. Rymnik an der Ostküste, von Lopatin anstehend gefunden.

Ammonites Timotheanus Mayor T. II, f. 7—11.

     Ammonites Timotheanus Mayor Pict. et Roux. Moll. d. Grès Verts, p. 39, t. 2,
                f. 6, t. 3, f. 1, 2.

     "   "   Pict. foss. d. St. Croix I, p. 289.

     "   "   Stoliczka l. c. p. 146, t. 73, f. 3—6.

Unsere Form zeigt alle charakteristischen Merkmale, nach denen sie namentlich mit der ursprünglichen, Pictet'schen Darstellung vortrefflich übereinstimmt. Der Rücken ist fast eben, der Durchschnitt der Windungen subquadratisch. Der Nabel tief, mit fast senkrecht einfallenden Wänden. Die inneren Windungen zur Hälfte von den äusseren verdeckt. Die Oberfläche glatt, oder wie bei dem Steinkern f. 9 fein quergestreift.

Die Furchen verlaufen entweder nach der Mündung gewandt, in tangentialer Richtung zum Umbilicalkreise wie bei Pictet et Roux l. c., t. 2, f. 6, oder nach rückwärts gewandt, was eine Eigenthümlichkeit unserer Sachalinschen Exemplare zu sein scheint. Bei dem best erhaltenen Exemplar f. 7 sehen wir die Seiten der Mündung in dieser Weise an der Basis nach vorn vorspringen und sich auf dem Rücken in einem flachen, nach hinten gewandten Bogen vereinigen (bei diesem Stück erscheint der Mündungsrand doppelt, dadurch, dass wahrscheinlich das vorderste, an dem Exemplar eingeknickte und halb getrennte Schaalenstück sich verschoben hat, während der darunter sichtbare, schon früher festgewordene Steinkern die ursprüngliche Form der Mündung beibehalten hat).

Eben so sehen wir an dem f. 9 abgebildeten Exemplar hinter der vordersten, der Mündung entsprechenden Furche eine zweite zurückgebogene, die sich deutlich über den ganzen Steinkern verfolgen lässt. An dem nämlichen Exemplar sehen wir an der oberen Seite vor der Mündung, nahe dem Rücken eine eigenthümlich gerundete Hervorragung mit vorspringender Spitze, die, wenn auch undeutlich, an der anderen Seite sich wiederholt. Von einer ähnlichen Hervorragung, freilich in anderer Form, weiss ich nur durch T. 68 bei Stoliczka l. c. bei einem grossen Exemplar von *A. planulatus Sow.*

Von Loben habe ich die Seitenloben der äusseren Windung meines guten Exemplars darstellen lassen, bei dem der Rückenlobus nicht zu erkennen ist, und die ganze Lobenreihe von einer inneren Windung des nämlichen Exemplars, das ich aus zwei getrennten Stücken zusammengeklebt habe. In der Lobenzeichnung findet wiederum wie bei *A. planulatus* eine grössere Uebereinstimmung mit europäischen Gaultexemplaren als mit den indischen statt. Der Rückenlobus ist etwas länger als der obere Seitenlobus, dieser letztere ist deutlich zweitheilig, während der untere Seitenlobus schon unbestimmt dreitheilig wird, wie auch die Auxiliarloben verbleiben, von denen ich drei erkennen kann. Der erste Auxiliar scheint mit dem Beginn des Nabels zusammenzufallen. In der Jugend ist übrigens auch bei meinem Exemplar der zweite Lateral deutlich zweitheilig (f. 11). Die Sättel sind regelmässig dreilappig und weniger getheilt bei meinem 35 mm. im Scheibendurchmesser haltenden Stück, als bei den etwa gleich grossen Pictet'schen Exemplaren (l. c. t. 3, f. 1 c). *A. Timotheanus* war bisher nur aus dem Gault der Schweiz und Süd-Frankreichs, sowie aus den indischen Kreideschichten bekannt.

Fundort. Einige undeutliche Steinkerne von Dui, und ein gut erhaltenes, zum Theil von der Schaale bedecktes Exemplar beim Uebergang von Ilukusnai nach Triatomari an der Südwestspitze von Sachalin von Lopatin anstehend gefunden.

Ammonites Sacya Forb. var. sachalinensis T. II, f. 1—6,

Ammonites Sacya Forb. Transact. geolog. soc. Lond. Vol. 7, p. 113, t. 14, f. 10.
»   »   »   Stoliczka l. c. p. 154, t. 75, f. 5, 7, t. 76.
»   Buddha Forb. l. c. p. 112, t. 14, f. 9.

Maasse:

Scheibendurch-messer.	Nabelweite.	Gesammthöhe der letzten Windung.	Höhe in der Mitte.	Breite.
— mm.	95 mm.	130 mm.	90 mm.	— mm.
58 »	19 »	22 »	— »	— »
46 »	18 »	19 »	— »	— »
38 »	15 »	14 »	11 »	14 »

Die uns vorliegende Sachalinsche Varietät unterscheidet sich von der ihr zunächst stehenden *var. multiplexa Stol.* l. c. p. 156 durch noch zahlreichere Windungen, indem schon bei dem kleinsten und dabei vollständigen Exemplar von 38 mm. Durchmesser 7 Windungen vorhanden sind. Zugleich ist der Dorsal- oder Siphonallobus immer etwas länger als der erste Lateral und der Dorsalsattel schmäler, an den Seiten ganz fein gezähnelt.

Die Windungen sind zur Hälfte involut; im Durchschnitt etwa breit oval, am Grunde herzförmig. Der Nabel weit, flach mit steil treppenförmig abfallenden Wänden. Die Oberfläche ist mit 5—8 (auf der letzten Windung) gebogenen, flachgewölbten Rippen geziert, denen am Steinkern Furchen entsprechen. Die Rippen laufen nach dem Nabel zu stark nach hinten, springen auf der unteren Hälfte der Seitenflächen in einem schwachen Bogen vor, worauf eine flache Einbucht, und auf dem Rücken selbst wieder ein schwacher bogenförmiger Vorsprung folgt. Die ganze Oberfläche, mit Einschluss der flachen Rippen, die auf den in f. 3, 4 dargestellten Exemplaren etwa 2—3 mm. Breite haben, sind von feinen, scharf markirten, erhabenen Querlinien bedeckt, die mit den Rippen gleichlaufend sind, und von denen etwa 3—4 auf 1 mm. kommen.

Bei älteren Exemplaren vermehren sich die Rippen und es entstehen Formen wie *A. Buddha* Forb. l. c. und *Stol.* l. c. t. 75, f. 7. Bei meinem grössten Stück, das über einen Fuss im Durchmesser hielt, und von dem ich nur ein Bruchstück mitgebracht habe, ist der Steinkern der äussersten Windung ganz glatt, nur über und über mit ineinander gewirrter Lobenzeichnung bedeckt; die erwähnten dichteren Rippen sieht man an der nächst inneren Windung des nämlichen Stücks.

Die Sutur zeigt 2 Hauptloben, die immer zweitheilig sind mit zweitheiligen Hauptästen, und wenigstens 2 Auxiliarloben, die Lateralsättel sind sämmtlich tief zweitheilig am Grunde zwischen den Lobenästen verschmälert. Der Dorsalsattel erinnert durch seinen schmalen, kaum gezähnten Umriss an manche Fimbriaten. Der Dorsallobus ist der längste von allen, oben jederseits mit einem zweitheiligen Ast, weiter abwärts jederseits mit drei Aesten, die von oben nach unten an Länge abnehmen. Der obere Laterallobus ungleich zweitheilig, indem der Siphonalast stärker und länger ist, der zweite Lateral schmäler und gleichmässig ausgebildet, die schief aufwärts (von der Mündung ab) gebogenen Auxiliarloben unbestimmt 2—3-spitzig.

Fundort. Dui, nicht selten, erreicht eine bedeutende Grösse.

Ptychoceras gaultinum Pict. aff. *T. II, f. 12—16.*

Ptychoceras gaultinum Pict. Moll. Grès Verts p. 139, t. 15, f. 5, 6.
    •   •   Stol. l. c. p. 135, t. 90, f. 10.

Schaale im Durchschnitt breit oval bis kreisförmig, mit einfachen, stumpfen, etwas schräg stehenden Rippen bedeckt, deren Zwischenräume etwa noch einmal so breit als die Falten selbst sind. Auf dem Rücken jederseits eine Tuberkelreihe (zu Einem Tuberkel auf jeder Rippe), die auf der rechten Seite meist stärker ausgebildet erscheint.

Die Suturen zeigen 6 Loben und 6 Sättel, alle zweitheilig. Der erste Laterallobus nur wenig länger als der zweite. Der Ventrallobus dreispitzig, nur wenig kürzer als der zweite Lateral, so dass die Loben eine stetig abnehmende Reihe bilden.

Ich wüsste nicht, mit welcher zunächst stehenden bekannten Art ich unsere vergleichen sollte. In der Zeichnung und im äusseren Ansehen ähnelt ihr am meisten *Ptychoceras gaultinum* Pict. (Moll. Grès Verts t. 15, f. 5, 6; Stoliczka l. c. t. 90, f. 10).

Unsere Art zeigt geschlossene Haken; aber die Aeste liegen nicht eingedrückt, auch sind Knöpfe, wenn auch undeutlich, vorhanden, die dem ächten *Pt. gaultinum* fehlen. Unsere Form kommt zunächst am meisten mit der indischen Form von *Pt. gaultinum* überein.

Fundort. Aus einem anstehend gefundenen Handstück, das Lopatin von der Südwest-spitze zwischen Rukusoni und Triatomari mitgebracht hat, drei Exemplare herausgearbeitet, von denen zwei abgebildet sind.

Gasteropoden.

Gen. Trachytriton Meek 1864.

In der Check list of the invertebrate fossils of North America, cretaceous and Jurassic. Smithsonian miscellaneous collections, 177, stellt Meek die Gattung *Trachytriton* auf, ge-stützt auf *Fusus vinculum*, Hall et Meek, Mem. Am. Acad. Art, and Sci. new Ser. V, p. 39, t. III, f. a, b. Gabb, in der palaeontology of California II, p. 154, zieht diese Gattung als subgenus zu *Tritonium Lam.* und führt drei Arten aus der Kreideformation von Californien auf: *T. tejonensis, fusiformis* und *diegoensis*, die in dem genannten Werk beschrieben und abgebildet sind. Trachytriton unterscheidet sich von echten Tritoniumarten durch nur obsolete äussere Varices, die blos als etwas stärker ausgesprochene Anwachsstreifen er-scheinen (Pal. calif. I, t. 18, f. 44 und 45), während innere Varices als auf Steinkernen deutlich sichtbare Reihen von Eindrücken (Pal. calif. II, t. 26, f. 34) vorhanden sind. Von Europäischen Kreideschnecken dürfte *Fusus dupinianus a'Orb.* hierher gehören, an dessen Steinkernen nach Pictet, Matér. Pal. suisse sér IV, p. 639, t. 95, f. 3 ebenfalls einge-drückte Tuberkelreihen vorkommen.

In meiner Sachalinschen Sammlung finden sich zwei Formen, die ich in diese Gattung bringe, wie sie von Meek aufgestellt und von Gabb durch Aufstellung dreier neuer Arten erläutert ist. Die einzige Abweichung vom Gattungscharakter ist bei unseren Stücken die kräftige Schaale, die Meek l. c. als «rather thin» bezeichnet.

Auffallenderweise finden sich in der sonst so nahe verwandten indischen Kreideforma-tion keine entsprechenden Formen; am nächsten stehen ihrem Habitus nach noch die Arten der Gattung *Tritonidea Swains.*, *T. gibbosa Stol.* und *T. trichinopolitensis Forb.*, sie haben aber einen zurückgebogenen Kanal und keine inneren Varices.

Trachytriton sachalinensis n. sp. Tab. IV, f. 1 a, b. Tab. VIII, f. 1.

Scheitelwinkel.	Höhe.	Höhe d. letzt. Windung.	Breite derselben.
30°	40 mm.	21 mm.	20 mm.
—	46 »	27 »	20 »

Gehäuse spindelförmig, von etwa 6 Windungen (bei unseren Stücken nur 4 erhalten). Kanal kurz, fast gerade. Die Windungen gewölbt mit einem stumpfen Kiel etwas über der Mitte. Jede Windung trägt etwa 12 gerundete Querwülste, die auf dem Kiel zu Tuberkeln erhöht sind. Die Oberfläche mit ziemlich gleichförmigen, groben, flachen Spirallinien be-deckt, zwischen denen auf der letzten Windung zuweilen einzelne tiefere Furchen er-scheinen, durch die die Querwülste in 2—3 Tuberkeln getheilt erscheinen (Tab. IV, f. 1 a). Feine Anwachsstreifen durchkreuzen die Spirallinien; einzelne derselben sind stärker mar-kirt und stellen obsolete Varices dar (T. VIII, f. 1). An unbestimmten Stellen, wenigstens einmal auf jeder Windung, sind innere Varices vorhanden, die als eingedrückte Tuberkelreihen (Tab. IV, f. 1 a) auf dem Steinkern erscheinen.

Von unseren 3 Exemplaren sind die beiden vollständigsten Steinkerne, die aber zugleich die ganze Oberflächenzeichnung erkennen lassen. Bei dem dritten Exemplar ist die Schaale zum Theil vorhanden, die Querwülste aber schwach ausgebildet.

Fundort. Cap Dui.

Trachytriton duiensis n. sp. Tab. IV, f. 2, a, b, c.

Scheitelwinkel.	Höhe.	Höhe d. letzt. Windung.	Breite derselben.
50 '	25 mm.	16 mm.	14 mm.
—	11 »	8 »	8 »

Gehäuse breit spindelförmig, mit etwa 6 Windungen, von denen die letzte sehr gross. Ueber die Mitte der Windungen verläuft eine vorspringende Kante. Die etwa 12 Querwülste erscheinen auf der Kante als vorspringende Tuberkeln und verlieren sich nach oben und unten. Die Oberfläche mit abwechselnd gröberen und feineren erhabenen Spirallinien bedeckt. Anwachsstreifen sehr undeutlich ohne Andeutungen von äusseren Varices. Innere Varices an Steinkernen deutlich (f. 2 b, c).

Der Unterschied von der vorigen Art liegt in der geringeren Grösse, der breiteren und kürzeren Form des Gewindes und den ungleichen Spirallinien, deren Beschaffenheit im Uebrigen — sie sind grob, auf dem Rücken gerundet, etwas wellenförmig im Verlauf — mit denen der vorigen Art übereinstimmt.

Fundort. Cap Dui (zwei ganze und einige unvollständige Exemplare).

Solariella radiatula Forb. sp. Tab. IV, f. 3, 4, 5.

Trochus radiatulus Forb. Trans. geol. soc. Lond VII, p. 120, t 13, f. 11.

Turbo glaber Müller, Petref. Aachen. Kreideform, II, p. 43, t. 5, f. 6.

Solariella radiatula, Stoliczka, Palaeontol. Indica V, p. 375, t. 24, f. 17—19.

Es liegen uns einige kleine Schnecken vor, die der oben aufgeführten Art zu entsprechen scheinen, namentlich wenn man die Darstellungen von Müller und Stoliczka zusammen berücksichtigt. Von der Identität der Aachener und der Indischen Conchylie hat sich Stoliczka durch Autopsie überzeugt.

Unser bestes Stück f. 3, von Rukusnai, lässt 5 Windungen erkennen, der Scheitelwinkel beträgt 60 °, die Höhe der ganzen Schnecke 11 mm., die Höhe der letzten Windung 6,5 mm. und die Breite derselben 9,5 mm. Die Nabelkante ist schwach gekerbt (bei f. 4 stärker) und innerhalb des Nabels zieht sich noch eine schwache Kante von der Innenlippe hinein. Windungen gewölbt, längs der Naht mit einer flachen Partie, die bisweilen durch eine schwache Kante (f. 5) von der übrigen Windung abgesetzt ist. Oberfläche mit feinen Anwachsstreifen, die nach der Naht zu stärker werden (f. 4, 5), und noch feineren erhabenen Spirallinien, die auf jüngeren Exemplaren deutlich, bei älteren (f. 3) nur auf der Unterseite der letzten Windung noch zu erkennen sind.

Fundort. Es liegen mehrere Exemplare vor, von denen das beste von Rukusnai stammt;

die übrigen (f. 4, 5) von Dui. Ein grosses, schlecht erhaltenes Stück von Cap Rimnik ziehe ich nur mit Zweifel hierher.

Discohelix sachalinensis n. sp. *T. IV, f. 6.*

Eine winzige flache Schnecke von 3 mm. Breite und 1 mm. Höhe, die ich zur Gattung *Discohelix* Dunker, nach der Auffassung von Stoliczka l. c. p. 250 (*Bifrontia* bei Chenn, *Omalaxis* bei Adams) bringe. Die Windungen sind flach gewölbt, die obere Seite des Gehäuses flach, die untere concav, der Rücken schmal, flach, oben mit einem schwachen Kiel, über den die Wölbung des Gewindes hervorragt, unten mit scharfer, etwas gekerbter Kante. Der Querschnitt ziemlich quadratisch. Zahl der zusammenhängenden Windungen drei; die letzte Windung hat das Bestreben, sich zu lösen, wie ich an einem verloren gegangenen Exemplar bemerkte. Die Anwachsstreifen schwach von der Mündung zurückgebogen.

Fundort. Cap Dui, selten.

Helcion giganteus n. sp. *Tab. II, f. 17, 18, Tab. III, f. 1—10, Tab. VIII, f. 2—5.*

Zu dieser Gattung bringe ich nach der Auffassung von Stoliczka (l. c. p. 321), der ich auch sonst folge, unsere Sachalinschen Riesen-Patellen, die ich wegen zahlreicher Uebergänge alle zu Einer Art zu bringen genöthigt bin, die wiederum in 3—4 Subspecies oder Varietäten sich zerfällen lässt.

Die Gattung *Helcion Montf.* schliesst nach Stoliczka l. c. Formen ein mit ovaler Oeffnung, excentrischer übergebogener Spitze und radialen Rippen auf der Oberfläche. Unsere Sachalinsche Art wird sich etwa folgendermaassen charakterisiren lassen:

Schaale bis Ein Quadratfuss gross, mit breit ovaler Oeffnung, flachgedrückt bis flach konisch. Spitze randlich bis fast central. Oberfläche mit starken Anwachsstreifen, die sich in mehrere grössere Absätze vertheilen und mit 30—60 ungleichen, dicken, gerundeten, wurmförmigen Radialrippen bedeckt, die in einiger Entfernung von der Spitze beginnend unregelmässig einsetzen, sich verlieren, sich theilen und zuweilen wieder unter einander zusammenlaufen.

In der Reihe der Varietäten findet im Allgemeinen eine gewisse Gesetzmässigkeit in der parallelen Veränderung einiger Charaktere statt: je flacher die Schaale, desto näher rückt die Spitze dem Rande, der dann häufig unter der Spitze einen gerundeten Vorsprung bildet, und desto dicker werden die Rippen. Doch auch von diesem Parallelismus der Erscheinungen finden Abweichungen statt, wie wir bei Betrachtung der einzelnen Varietäten sehen werden.

Hätten wir die mancherlei Uebergänge nicht, so wäre es wohl am richtigsten, mehrere Arten aufzustellen und diese in einer gemeinsamen Untergattung zusammenzufassen, so aber müssen wir annehmen, dass wir uns in der Sachalinschen Kreideformation im Centrum der Ausbildung eines eigenthümlichen Patellen-Typus befinden, dessen Formen noch nicht völlig consolidirt sind.

3*

Der Unterschied von allen übrigen bekannten patellenartigen Formen liegt, wie schon aus der Diagnose hervorgeht, in der eigenthümlich unregelmässigen Anordnung der Radial-rippen, deren Verhalten wir sogleich etwas näher betrachten wollen.

Die einzige bekannte Art, die nach ihrer ganzen Form und ihrer ebenfalls grossen Variabilität sich mit der unseren vergleichen lässt, ist die *Patella rugosa Sow.* (s. Morris and Lycett, moll. great Oolite, p. 89, t. 12, f. 1).

In der ersten Jugend sind noch gar keine Radialrippen vorhanden, man sieht nur con-centrisch um die Spitze verlaufende Anwachsstreifen. Später treten einzelne unregelmässige, längliche, radiale, knotige Hervorragungen auf, die nach den Absätzen der Schaale mit ein-ander alterniren. Erst wenn der Durchmesser der Schaale 1—2 Zoll erreicht, bilden sich vollständige radiale Rippen aus. Aber während einige Rippen von nahe der Spitze bis zum Rande ungetheilt verlaufen, spalten sich andere 2—3 Mal, ehe sie den Rand erreichen (das geschieht anfangs häufig dadurch, dass Ein Längsknoten sich mit 2 alternirenden, später auftretenden verbindet), andere verlieren sich vollständig in der Mitte der Schaale; wieder andere, besonders schwächere, laufen mit stärkeren zusammen; endlich sieht man auch ent-fernter von der Spitze, in weiteren Zwischenräumen zwischen schon vorhandenen Rippen neue dergleichen einsetzen, die das obige Spiel wiederholen, d. h. sich theilen oder nicht, oder mit älteren Rippen zusammenlaufen. Die Theilungen und Vereinigungen der Rippen finden meist an den Absätzen der Schaale statt, die sich im Uebrigen an den Rippen auch durch Einschnürungen und knotige Auftreibungen kenntlich machen. Die längeren, mitt-leren Rippen sind meist stärker als die kürzeren, seitlichen, die namentlich bei den flachen Formen häufig nach der Spitze zu bogenförmig gekrümmt sind. Die Zwischenräume zwischen den Rippen sind durchweg eng, da, wie gesagt, jede grössere Lücke sofort von neuen Rip-pen eingenommen wird.

Die Innenseite der Schaale ist bei dickschaaligen Exemplaren vollkommen glatt, bei dünnschaaligen erkennt man die Rippen, die sich denn auch in den Rand als Hervorragun-gen fortsetzen; meistens ist der Rand jedoch ganz, wulstig gerundet. Von dem hufeisen-förmigen Muskeleindruck habe ich nur undeutliche Spuren gesehen. Die Dicke der ausge-wachsenen Schaalen variirt von 2—15 mm., wie es scheint, unabhängig von ihren sonstigen Variationen in Form und Skulptur. Im Verticaldurchschnitt lässt die Schaale zuweilen mehrere blättrige Lagen erkennen (T. III, f. 6), ähnlich wie bei lebenden Patellen, von denen ich die dickschaalige *Patella Lamanoni Schrenck* aus dem Japanischen Meere zum Vergleich vor mir habe.

Var. a depressa Tab. II, f. 17. Tab. III, f. 1, 6, 8. Tab. VIII, f. 2.

Die Spitze hart am Rande, niedergedrückt; die grösste Höhe der Schaale vor der Mitte. Der Rand vor der Spitze, wenig oder gar nicht radial gerippt, meist in einen ge-rundeten, oft vertieften, löffelförmigen Fortsatz vorgezogen oder ganzrandig, mit einer Ver-tiefung vor der Spitze (T. III, f. 6). Radialrippen am Rande etwa 30. Die vorderen Rippen deutlich nach der Spitze gekrümmt. Das grösste Exemplar (T. III, f. 1) ist 300 mm. lang und 260 mm. breit; seine grösste Höhe etwa 40 mm. Das kleinste hat 35 mm. Länge bei mm. Breite.

An jungen Exemplaren erscheint die Spitze noch nicht geneigt (Taf. III, f. 8), der Raum vor ihr aber schon ausgehöhlt.

Fundort. Cap Dui, nicht selten.

Var. β nasuta Tab. II, f. 18. Tab. III, f. 2, 3, 10.

Die Spitze vorn vorspringend, vertikal über dem Vorderrande gelegen, nicht oder kaum hinabgedrückt, daher die grösste Höhe der Schaale bei oder gleich hinter der Spitze; der Zwischenraum zwischen ihr und dem Rande mit dicht stehenden feineren Radialrippen erfüllt (T. III, f. 10). Auch bei dieser Form kommen löffelartige Vorsprünge unter der Spitze und überhaupt zahlreiche Uebergänge zu der vorigen Varietät vor. Die Zahl der Rippen variirt je nach der Höhe der Spitze von 30—60.

Die Seitenansicht fig. 2 auf T. III gewährt ein ganz anderes Bild als fig. 1 auf derselben Tafel, doch stimmen beide Stücke, von oben gesehen, sehr nahe überein (vergl. f. 17 und 18 auf T. III).

Das grösste Exemplar (T. III, f. 2) hat eine Länge von 350 mm. bei einer Breite von 300 und einer Höhe von 100 mm. Das fast ebenso grosse Stück, das in fig. 3 auf derselben Tafel dargestellt ist, bildet schon einen Uebergang zur nächsten Varietät. Es ist feiner gerippt, 200 lang und 120 mm. hoch, die grösste Höhe liegt wiederum in der Mitte. Es ist einzig in seiner Art und könnte auch als besondere Varietät gelten.

Fundort. Cap Dui, mit der vorigen.

Var. γ retracta Tab. III. f, 4, 7.

Die Spitze vom Rande zurückgezogen, bildet den höchsten Punkt der Schaale, der Raum vor ihr concav mit Radialrippen bedeckt. Bei niedrigeren Exemplaren (f. 7) auch der löffelförmige Vorsprung mit aufgeworfenem Rande, wie bei *Var. depressa*, oft noch zu erkennen. Meist mittelgrosse Exemplare wie das fig. 4 abgebildete (Länge 110 mm., Breite 90 mm., Höhe 30 mm.). Kein Stück ist ganz vollständig gefunden. Rippen etwa 40, selten getheilt.

Fundort. Bei Cap Dui, mit den vorigen.

Auf T. VIII, f. 3 habe ich ein abweichendes Exemplar abbilden lassen, das bei zurücktretender Spitze doch sehr flach ist und dabei auffallend weite Zwischenräume zwischen den Rippen zeigt, an denen man die verschiedenartigsten Theilungen und Verbindungen sieht. Das Stück steht etwa in der Mitte zwischen der ersten und dritten Varietät.

Fundort. Cap Dui, mit den vorigen.

Var. δ centralis T. III, f. 5, 9. T. VIII, f. 4, 5.

Die Spitze etwas vor oder hinter der Mitte, den höchsten Punkt der Schaale bildend, die von ihr nach allen Seiten ziemlich gleichmässig abfällt — doch erkennt man bei guten Exemplaren, dass sie, wie bei den übrigen Formen, nach vorn übergebogen ist. Der Raum vor ihr ist meist etwas convex (f. 9). Die Rippen, bis 60 an der Zahl, sind feiner und flacher als in den übrigen Formen; die Zwischenräume meist breiter. Schon junge Exemplare unterscheiden sich von den vorigen Varietäten durch ihre höhere, regulär konische Form (Länge 22 mm., Breite 20 mm., Höhe 10 mm.), so dass man versucht wird, wenigstens diese Varietät specifisch abzutrennen, zumal sie auch im Vorkommen von den übrigen verschieden ist. Der durchaus gleichartige Typus der Oberflächenskulptur veranlasst mich vorläufig, auch sie den übrigen Varietäten anzuschliessen. Die grösseren Exemplare sind sämmtlich unvollständig erhalten; das grösste (T. III, f. 5) zeigt eine Höhe von 120 mm., bei einer Länge von 280 mm.

Fundort. Cap Dui, selten; mehrere kleine Exemplare von Manue; Ein unvollständiges Stück aus der Petrefaktenschlucht am Onnonai von Lopatin mitgebracht.

Patella sp. T. III, f. 11.

Ein kleines unvollständiges Stück von 5 mm. Länge, 4 mm. Breite und 2 mm. Höhe, mit aufrechter, ziemlich centraler Spitze, deutlichen, feinen Anwachsstreifen und scharfen, schmalen, einfachen Rippen, etwa 30 an der Zahl, die breitere Zwischenräume zwischen sich lassen.

Eine gewisse Aehnlichkeit findet mit *Acmaea tenuicosta d'Orb.*, terr. crét. Gasterop. p. 398, t. 285, f. 7—10 statt, doch scheinen dort die Rippen viel ungleicher und feiner und die Spitze mehr nach vorn gerückt.

Fundort. Cap Dui, ein unvollkommenes Exemplar.

Acephalen.

Pholadomya sachalinensis n. sp. T. IV, f. 7.

Höhe.	Länge.	Dicke.
40 mm.	40 mm.	38 mm.

Stark verkürzt, fast dreiseitig. Vorderseite herzförmig, breit, fast gerade abgeschnitten, von einem scharfen Kiel umgeben. Wirbel eingerollt, vorspringend, mit Andeutung einer Lunula vor demselben. Keine Area. Hinterseite stark vorgewölbt. Ober- und Unterseite etwas ausgeschweift. Schaalen gleich, hinten und oben klaffend, von der Vorderkante allmählig nach hinten abfallend. Seitenflächen gröber und feiner concentrisch gerunzelt und gestreift und mit 12—14 groben, knotigen Radialrippen versehen, von denen einige den Unterrand erreichen. Nach hinten zu sind die Rippen nur in der Nähe des Wirbels sichtbar. Die Vorderseite zeigt nur die winklig aufwärts gebrochenen Anwachsstreifen und in der Nähe des Wirbels jederseits eine schwache Rippe, die der Vorderkante parallel läuft und sich nach unten verliert.

Unsere Art gehört zu den espèces bucardiennes nach Agassiz und steht zunächst der jurassischen *P. clathrata* und der *P. decussata Munt. sp.* aus der Kreide, von welcher letzteren sie sich vorzüglich durch ihre breitere Hinterseite unterscheidet. Es wäre nicht unmöglich, dass bei einer grösseren Zahl von Exemplaren eine Vereinigung mit der letzteren Art thunlich erschiene.

Fundort. Cap Dui, ein Exemplar.

Pholadomya Glehni n. sp. To. IV, f. 8.*

Höhe.	Länge.	Dicke.
38 mm	38 mm.	28 mm.

Stark gewölbt, trapezförmig. Schalen hinten klaffend. Wirbel eingerollt, wenig vorspringend, mit gerader Schlosskante. Vorderseite schief abgeschnitten, durch eine scharfe Kante von den Seitenflächen getrennt, in der Mitte etwas vorspringend. Seitenflächen von der Vorderkante nach hinten regelmässig abfallend, trapezförmig; die hintere Seite der vorderen parallel, ziemlich geradlinig. Oberfläche mit stärkeren und schwächeren Anwachsstreifen und 15 etwas knotigen, abwechselnd feineren und gröberen Radialrippen, von denen die letzteren den Unterrand erreichen. Der hintere Theil der Schaale wie bei der vorigen Art ohne Radialrippen, ebenso die Vorderseite. Eine Lunula fehlt, dagegen ist eine Area vorhanden, die durch zwei undeutliche Kanten begränzt wird.

Der vorigen sehr ähnlich, aber durch die schiefe Form, die übrigens auch bei anderen verwandten Arten vorkommt, die weniger vorspringenden Wirbel, die trapezförmigen Seitenflächen, die ungleichen Rippen und das Vorhandensein einer Area unterschieden.

Fundort. Cap Dui, ebenfalls nur ein Exemplar.

Protocardium sp. Tab. V, f. 1.

Scheitelwinkel.	Höhe.	Länge	Dicke.
125°	9 mm.	10 mm.	— mm.
	5,5 »	6 »	4 »

Breit oval, fast kreisförmig. Vorderseite vorspringend, breit gerundet mit glatter Oberfläche und feinen eingeritzten Anwachslinien. Hinterseite steil abfallend mit 13—14 Radialrippen. Die Rippen flach oder mit schwacher Längsfurche, mit einer Reihe feiner Tuberkel besetzt.

Ich wäre versucht unsere Art zum *Cardium hillanum Sow.* zu bringen, aber der Mangel der concentrischen Rippen und die Tuberkelreihen auf den Radialrippen hindern mich daran. Es sind Alles nur winzige, unvollständige Exemplare, daher ich es vorziehe, keine neue Art aufzustellen.

Fundort. Cap Dui. Alle Exemplare (etwa 7) aus Einem Block herausgeschlagen.

Trigonia sp. Tab. V, f. 2, 3.

Scheitelwinkel.	Höhe.	Länge.
105°	4,5 mm.	6 mm.
	5 »	7 »

Form rhombisch oval. Umriss gerundet. Vorderseite allmählig ansteigend zu einer schwachen Diagonalkante, von der die Hinterseite steiler abfällt. Von dieser Kante laufen eine Anzahl (6—8) paralleler gerader Rippen nach vorn, während die gleichartigen Rippen der Hinterseite (etwa 4) ihre Richtung nach dem Wirbel nehmen. In der Nähe des Wirbels verlieren sich die Rippen, und man sieht hier nur concentrische Streifung, die auch auf die Rippen übergeht und ihnen ein knotiges Ansehen giebt. Von dem Schlossrande vor und hinter dem Wirbel entspringen ebenfalls kurze Rippen, die im Bogen nach dem Wirbel convergiren.

Uns liegen nur unvollständige einzelne Schaalen vor, die wir vorläufig zu Trigonia bringen, ohne sie mit einer bekannten Art dieser Gattung näher vergleichen zu können. Ausserdem habe ich einen undeutlichen Steinkern (f. 4) von 9 mm. Länge, 6 mm. Höhe und 5 mm. Dicke, der am Schloss eine deutliche, auf den Seiten aber eine ganz verwaschene Berippung zeigt. Ich stelle ihn vorläufig ebenfalls hierher.

Fundort. Cap Dui.

Cucullaca striatella Mich. Tab. V, f. 7.

Cucullaea striatella Mich. mem. soc. geol. t. 3, p. 102, t. 12, f. 11.

Arca carinata Sow. Min. conch. t. 44, f. 2, 3.

» » d'Orb. terr. crét. t. 3, p. 214, t. 313, f. 1—3.

» » Pictet et Roux, grès verts p. 462, t. 37, f. 1.

» » Pictet, matér. pal. suisse IV, p. 462.

Ein paar Steinkerne mit erhaltener Zeichnung, die ich zu dieser Art ziehe. Den Namen *C. striatella* habe ich gewählt, weil es unzweifelhaft eine *Cucullaea* zu sein scheint und es ausser der *Arca carinata Sow.* auch schon eine *Cucullaea carinata Sow.* giebt.

Unsere Form stimmt mit der typischen ziemlich gut überein, nur sind die Radialstreifen der ausgehöhlten Hinterseite nicht stärker als die der Mitte, während die Vorderseite allerdings stärkere Rippen hat. Die Maasse von drei Exemplaren sind folgende:

Höhe.	Länge.	Dicke.
16 mm.	26 mm.	16 mm.
13,5 »	24 »	13,5 »
13 »	21 »	13 »

Fundort. Cap Dui, wenige Exemplare.

Cucullaea sachalinensis n. sp. Tab. V, f. 6. Tab. VIII, f. 6, 7.

Muschel länglich, dick angeschwollen, vorn spitz vorspringend, kürzer, ohne Scheidung von Vorder- und Unterseite; nach hinten erweitert mit einem abgestumpften Winkel, von dem der Hinterrand steil, fast rechtwinklig emporsteigt. Von der Spitze zur hinteren und unteren Ecke geht ein anfangs scharfer Kiel, der nachher zu einer breiten Wulst wird. Der Steinkern zeigt nur eine stumpfe Kante. Beide Schaalen ziemlich gleich. Die Oberfläche mit feineren und gröberen Radialrippen, die sich nach vorn verstärken, und mit feinen Anwachsstreifen versehen. Die Innenseite zeigt einen fein gekerbten Aussenrand, einen deutlichen, zuweilen ebenfalls etwas gekerbten Mantelrand, zwei deutliche Muskelansätze, die vertieft scheinen, und jederseits vom Wirbel zwei dem Schlossrande parallele Zähne, die nicht bis zum Rande reichen, sondern einen etwa 2 mm. breiten Raum frei lassen, der als Fortsetzung des Randes erscheint, das sich zwischen dem Mantelrand und dem Aussenrand der Muschel hinzieht.

Lauter einzelne Schaalen, daher ich die Dicke nicht angeben kann.

Höhe.	Länge.
20 mm.	31 mm.
19 »	35 »
19 »	32 »
17 »	28 »

Unsere Art ähnelt sehr unserer *C. striatella*, von der sie sich vorzugsweise durch ihre weniger ausgehöhlte Hinterseite und den weniger scharfen Kiel unterscheidet. Auch sind, wie bei der vorigen Art, die Rippen der Hinterseite nicht stärker als die der Mitte. Von der nahe verwandten *C. Campichiana Piet.* unterscheidet sie sich durch ihre grössere Höhe und ihre fast vertikal aufsteigende Hinterseite. Sehr ähnlich ist auch *Macrodon japeticum Forb. Stol.* (s. die folgende Art); dieser zeigt aber eine deutliche Verschiedenheit der beiden Schaalen, die in der Stärke der Berippung bei unseren Exemplaren nur selten einen Unterschied erkennen lassen. Ferner sind die stärkeren vorderen Radialrippen und die vollkommnen geraden vorderen Schlosszähne deutliche Unterschiede.

Fundort. Bei Cap Dui und am Manuefluss nicht selten.

Macrodon japeticum Forb.? T. V, f. 5, T. VIII, f. 8.

Arca japetica Forb. Trans. geol. soc. Lond. p. 148, t. 16, f. 2.

Macrodon japeticum Stoliczka l. c. VI, p. 350, t. 18, f. 6 — 11.

Höhe.	Länge.	Dicke.
20 mm.	31 mm.	17,5 mm.
16 »	36 »	15 »
18 »	26 »	— »

Eine Form, die der vorhergehenden Art in der Zeichnung sehr nahe steht, sich aber durch die abgerundete Vorderseite und den stumpfen Kiel unterscheidet. Auch sind die Muskeleindrücke und das randliche Band der vorigen Art auf dem Steinkern nicht sichtbar. Das Schloss ist nicht zugänglich. In der Form ähnelt auch die *Arca Cottaldiana d'Orb.*, die sich aber durch feinere Zeichnung und schmäleres Ligamentfeld unterscheidet. Von dem echten *Macrodon japeticum* unterscheidet sich unsere Form durch die, wie bei der vorigen Art, nach vorn stärker werdenden Radialrippen.

Fundort. Cap Dui, einige Steinkerne zum Theil mit erhaltener Oberflächenzeichnung.

Inoceramus digitatus Sow. T. V, f. 8, 9, Tab. VI, Tab. VII, Tab. VIII, f. 9 — 15.

Inoceramus digitatus Sow. Min. conch. VI, p. 215, t. 604, f. 2.

    »   »   A. Römer, in Palaeontographica, Bd. 13, p. 196, t. 32, f. 6.

    »   undulato-plicatus F. Römer, Kreide v. Texas, p. 59, t. 7, f. 1.

    »   diversus Stoliczka l. c. p. 407, t. 27, f. 6.

Die oben angeführten Citate beziehen sich auf weit auseinander gelegene Lokalitäten; auf England, Norddeutschland, Indien und Texas. An allen diesen Lokalitäten sind die entsprechenden Inoceramen als grosse Seltenheiten gefunden und demgemäss als immerhin verschiedenartige Formen unter drei verschiedenen Namen publicirt worden. Es ist nun ein sehr inter-

essantes Ergebniss meiner Sachalinschen Sammlungen, dass wir hier, in der Kreideformation von Sachalin, in einem wahren Centrum von radial- und zugleich concentrisch gerippten Inoceramen uns befinden, die in grossem Stil variiren und dennoch, nach den vielen
Uebergängen zu urtheilen, sämmtlich zu Einer Art gehören, zu der auch die früher aufge-
stellten Species *I. digitatus Sow.* und *A. Röm., undulato-plicatus F. Röm.* und *diversus Stol.*
gehören, da sie vollkommen in den Variationskreis der Sachalinschen Formen hineinpassen.
Es ist eine ähnlich vielgestaltige Art wie der *Helcion giganteus*, aber insofern noch inter-
essanter als sie die in den entlegensten Gegenden in der oberen Kreideformation aufgestell-
ten verwandten Formen verbindet.

Von den früheren Beschreibungen passt am genausten die von *I. undulato-plicatus
F. Röm.* aus Texas, nur müssen wir die Diagnose bei erweitertem Formenkreis etwas verall-
gemeinern.

Ebenso passt auch die Beschreibung von Stoliczka bis auf die freilich mit einem
Fragezeichen versehene Angabe, dass die Schaalen von ungleicher Wölbung sind. Am nächsten steht der vierseitigen indischen Form etwa unser Exemplar T. VII, f. 2, auf dem auch
die ungleichen scharfen concentrischen Falten des Steinkerns schön hervortreten.

Die Angaben bei A. Römer l. c., den *I. digitatus Sow.* vom Sudmerberge bei Goslar
betreffend, stimmten ebenfalls. Die Zeichnung schien mir aber etwas schematisch zu sein
und nicht den gehörigen Grad von Genauigkeit zu besitzen, der mir für die Entscheidung
der Identitätsfrage nothwendig war. Ich wandte mich daher an Herrn Prof. v. Seebach
in Göttingen mit der Bitte, mir nähere Angaben über die fragliche Muschel zu verschaffen.
Prof. v. Seebach hatte die grosse Freundlichkeit, mir die genaue Zeichnung von drei
Exemplaren derselben zu übersenden, die unter seiner Leitung angefertigt waren, und deren
Originale im Museum zu Clausthal sich befinden. Zwei dieser Zeichnungen habe ich auf
Tab. V, f. 10, 11 wiedergegeben. Ein Vergleich mit den mannigfaltigen Formen auf den
beiden folgenden Tafeln VI und VII zeigt, dass wir es durchaus mit der nämlichen Art zu
thun haben. Etwas unsicher bleibt immerhin die Zurückführung auf den ursprünglichen
I. digitatus Sow., dessen Abbildung das charakteristische Ausstrahlen der Rippen von der
Diagonallinie nicht erkennen lässt, obgleich im Uebrigen die Beschaffenheit der Rippen gut
passt. In der Hoffnung auf spätere vollständigere Bestätigung behalte auch ich den ältesten
Namen bei.

Durch die eigenthümliche Anordnung der Rippen stellt unsere Art einen eigenthümlichen Typus innerhalb der Gattung *Inoceramus* dar. Am nächsten steht noch die Gruppe
Actinoceramus Meek (mit den Arten *I. sulcatus Park.* und *I. costellatus Conr.*), die sich
durch von der Spitze aus radial verlaufende Rippen unterscheidet. Bei der grossen Mannig-
faltigkeit der uns vorliegenden Formen lag die Versuchung nahe, eine ähnliche Gruppe oder
Untergattung mit mehreren Arten aufzustellen. Die vielfachen Uebergänge haben uns aber
hier ebenso wie beim *Helcion giganteus* davon zurückgehalten.

Für jetzt liesse sich etwa folgende Diagnose aufstellen: Scheitelwinkel im Mittel

75 Gr.; die Wirbel vorn gelegen mit stumpfer Spitze; die Schaalen schief eiförmig oder rhombisch bis fast rechteckig, mehr oder weniger gewölbt, beide
gleich. Die Vorderseite gerade verlaufend, gerundet oder steil abfallend, die
Unter- und Hinterseite in weit ausgezogenen Bogen meist anmerklich in einander verlaufend. Die Oberfläche mit auf der Aussenseite der Schaale regel-
mässigen gerundeten, auf dem Steinkern ungleichen, schärferen concentrischen
Rippen bedeckt, deren Scheitel stark nach hinten gezogen erscheint, — und mit
breiten wellenförmigen Radialfalten, die in geringerer oder grösserer Entfernung von der Spitze beginnend, von der Diagonallinie der Schaale aus fiederförmig nach beiden Seiten ausstrahlen.

Die Schaalen sind fast alle einzeln gefunden und selten ganz vollständig. Bei der
grossen Anzahl von Exemplaren jedoch (über 100), die mir zu Gebot stehen, glaube ich
über alle Einzelnheiten genügende Auskunft geben zu können.

Die Muscheln erreichen eine bedeutende Grösse; mir liegen welche von über einen
Fuss im Durchmesser vor, daneben aber auch eine Fülle von jungen Exemplaren, deren
manche kaum einen halben Quadratzoll gross sind.

Die Wölbung der Schaalen ist eine sehr verschieden starke, dabei aber, so viel ich
sehen kann, in beiden Schaalen eine gleiche (T. VII, f. 7). Im Ganzen lässt sich ein Zusam-
menhang zwischen der Stärke der Radialrippen und der Wölbung der Schaalen wahrnehmen.
Je stärker die Rippen und je näher zur Spitze sie beginnen, desto stärker auch die Wölbung, deren Höhe zuweilen der Breite der Schaalen gleichkommt, z. B. bei dem auf T. VII,
f. 1 abgebildeten Exemplar.

Der allgemeinen Wölbung der Schaale entsprechend ist die Vorderseite flacher oder
steiler gewölbt oder fast vertikal abgeschnitten, ebenso der Schlossrand nach hinten in
einen flachen dreieckigen Flügel (Taf. VII, f. 6, 8) vorgezogen oder in die allgemeine Wölbung eingeschlossen.

Die Form der Schaale ist ziemlich unbestimmt: bald schief eiförmig oder rhombisch
bis fast rectangulär mit grösster Ausdehnung parallel dem Schlossrande, bald auch höher
als lang, mit breit gerundeter Unter- und Hinterseite (T. VII, f. 6). Die Vorderseite ist
zunächst der Spitze immer gerade, geht aber früher oder später in die gebogene Unterseite
über. Bei vollständig erhaltener flacher Schaale lässt sich bisweilen ein vorderes Ohr erkennen (T. VII, f. 5, 14), das aber meist abwärts gebogen ist und daher nicht aus der geraden Linie der Vorderseite hervortritt (T. VII, f. 12).

Die Schaale selbst zeigt die bekannten Strukturverhältnisse, zuunterst eine
Perlmutterschicht, zu oberst eine aus Verticalfasern bestehende Lage, die sich mit dem
Wachsthum der Schaale nach Aussen verstärkt, und an grossen Stücken, an denen man
auch mehrere Lagen der Faserschicht über einander unterscheiden kann, bis 15 mm. Mächtigkeit zeigt, so dass die Schaalen im Durchschnitt wie manche Korallenstöcke (Chaetetes)
erscheinen.

4*

Sehr verschieden ist der Erhaltungszustand der Schaalenschichten. Während an unserem Hauptfundorte, bei Cap Dui, die Perlmutterschicht nur als ein undeutlicher, oft in Felder getheilter schwacher Anflug auf dem Steinkerne erscheint, ist sie an den Stücken von Manne und Rukasnai wohl erhalten und erreicht selbst an kleinen Stücken (T. VIII, f. 14) 1 mm. Mächtigkeit.

An diesen letzteren Fundorten bleibt beim Herausschlagen die Faserschicht regelmässig im Gestein zurück.

Bekanntlich nimmt aber die Faserschicht nicht blos nach dem Umfange, sondern auch nach dem Schlossrande an Dicke zu, worüber wir einiges Nähere beibringen können.

Sowohl auf der Schlossseite (T. VI, f. 1, 3, 5, T. VII, f. 5, 7, 8, 9, 14), als auch meistens auf der Vorderseite (T. VI, f. 3, T. VII, f. 14) sieht man auf dem Steinkern eine geradlinige radiale Falte von der Spitze nach dem Umfange zu verlaufen, von der anfangend eine Verdickung der Faserschicht nach dem Schloss und dem Vorderrande beginnt. Auf wohl erhaltener Oberfläche sind diese Falten kaum zu sehen; oft aber zeigt sich die verdickte Schaale beiderseits erhalten (T. VII, f. 5, 8, 14), während die zwischenliegende Partie ihrer dünnen Faserschicht beraubt wurde und als Steinkern erscheint. Auf T. VII, f. 10 sieht man an Stelle der Falte auf der Oberfläche eine furchenartig verlaufende Spalte, an der man die plötzliche Zunahme in der Mächtigkeit der Faserschicht deutlich erkennen kann. Ich glaube nicht zu irren, wenn ich die Furche auf dem Steinkern des *I. impressus* d'Orb. (terr. crét. t. 409) mit meiner Falte in Verbindung bringe. Sie entspricht nach F. Römer (Kreide v. Texas p. 57) einer inneren schwieligen Verdickung der Schaale, die bei einzelnen Exemplaren des *I. Cripsii* vorkommt, mit dem F. Römer den *I. impressus* d'Orb. in Verbindung bringt.

Die von den Falten beginnende Verdickung der Faserschaale bedeckt also die Vorderseite und die Schlossseite der Schaale. An der letzteren ist bisweilen noch eine zweite Falte (T. VII, f. 7, 9) zu erkennen, die einem absatzweise Dickerwerden der Faserschaale entspricht.

Die verdickte Faserschicht geht nun schliesslich in das Schloss selbst über, das aus einer schwieligen Verdickung mit einem vorderen und hinteren Schenkel besteht. Der hintere Flügel trägt an seiner Aussenseite eine flache Furche mit dem Ligamentgruben (T. VII, f. 11, 12, 13), die an Grösse sich gleich bleiben und sich, wie es scheint, auch über die Spitze hinaus nach vorn fortsetzen (T. VII, f. 13). Gerade unter der Spitze ist dann ein tieferes Grübchen (ebend. nämliche Figur) bemerkbar. Die ganze Schlosswulst besteht aus dünnen, über einander gelagerten Plättchen (T. VII, f. 15—17), die, wie es scheint, unmittelbar mit der verdickten Faserschicht zusammenhängen.[1]) In f. 13 auf T. VIII sieht man,

---

1 In T. 411 f. 2 in Sow. Min conch. ist die Faserschicht   gen können. Unter dem Wirbel freilich ist in der Gegen-
von der Schlosswulst noch am Rande vollkommen ge-   ... end der Schlosswulst und der papierdünnen Faserschicht
trennt dargestellt. Ich habe mich nicht davon überzeu-   ... ein vollkommener

wie an einem jungen Exemplar die Faserschicht sich nach unten umschlägt und die Schlossverdickung bildet, die hier noch schmal und von länglich viereckigem Durchschnitt ist. Die Perlmutterschicht kleidet die Innenseite der Höhlung aus, die zwischen der Schlosswulst und der übrigen Schaale entsteht. Letzteres ist auch in T. VIII, f. 14 zu sehen, wo man den Durchschnitt der aus Plättchen bestehenden Schlosswulst am Schlossraude die erhaltene Perlmutterschicht begreuzen sieht.

Bei älteren Exemplaren scheint die Schlosswulst nach innen zu wachsen; sie wird breiter, die Höhlung verschwindet, und man erkennt auf der Innenseite ihres Oberrandes eine Lage der Faserschicht aufgelagert (T. VII, f. 15, T. VIII, f. 10, 11), die von der eigentlichen aus Plättchen bestehenden Schlosswulst durch ein Perlmutterblättchen geschieden ist, das aber nie bis an den eigentlichen Schlossrand reicht. An der Vorderseite der Schlosswulst kommen ähnliche Auflagerungen vor (T. VII, f. 6) doch ist hier die Grenze der Plättchenschicht schwerer zu constatiren.

Die beiden Schenkel der Schlosswulst vereinigen sich zu einem dreiseitigen Mittelkörper, der auf der Aussenseite unter der Ligamentgrube eine dreiseitige Vertiefung trägt (T. VII, f. 13, T. VIII, f. 9), an deren Rande unter der Spitze man auf der rechten Schaale zuweilen einen zahnartigen Vorsprung sieht (T. VIII, f. 9). Von der Vertiefung laufen nach beiden Seiten mehr oder weniger deutlich ausgesprochene Furchen. Die Innenseite des Mittelstücks zeigt nach oben eine Anzahl stumpfer, nach der Spitze convergirender Furchen und Rippen (T. VIII, f. 12), uud nach unten dem gleichmässig gerundeten bogenförmigen Innenrand der Schlossverdickung. Die Spitze unter der Spitze man auf der fleischigen Theils der Muschel liegt in einer Vertiefung zwischen der Oberschaale und dem nach innen vorspringenden Theil der Schlosswulst (T. VII, f. 14), deren Fortsetzung längs dem ganzen Schlossrande (T. VIII, f. 13), wie wir oben gesehen, durch das Einwärtswachsen der Wulst allmählich schwächer wird und endlich verschwindet.

Die Plättchen der Schlosswulst lassen sich in Vertikaldurchschnitten derselben deutlich erkennen. In der Jugend sind sie ganz ohne Neigung in Fasern zu zerfallen. Bei älteren Exemplaren (T. VII, f. 15, 16) sieht man das deutliche Bestreben dazu: näher zur Mitte von einer Mittellinie aus (f. 16), weiter nach hinten vom oberen Rande ausgehend. Durchschnitte des Mittelstücks zeigten auch Zerfaserungen nach mehreren Richtungen, die ich mir nicht ordentlich erklären kann, auch habe ich an einzelnen Durchschnitten Platten gesehen, die nach concentrischen Kreisen zerfielen, von denen jeder einzelne die Neigung hatte, sich radial in Fasern aufzulösen. Unter der Spitze (f. 17) erkennt man deutlich, wie die Plättchen sich biegen, entsprechend der Biegung der Schlosswulst.

Man hat die vertikale Stellung der Ligamentfurche zur Trennungsebene der beiden Schaalen als Unterscheidungsmerkmal von Inoceramus gegenüber Perna aufgeführt (S. d'Orb. terr. crét. acceph. p. 501). An meinen Stücken scheint sowohl eine geneigte als eine vertikale Stellung der Ligamentfurche vorzukommen, und glaube ich, dass der Charakter von Inoceramus vorzüglich in dem eigenthümlichen Bau der Schlosswulst liegt, an dem die

Perlmutterschaale keinen Antheil hat, wie ich ihn ähnlich auch bei anderen Arten beobachtet habe.

An Steinkernen erscheint unter der Spitze wie bei anderen Inoceramen, der Form der Schlosswulst entsprechend, eine dreiseitige concave Grube mit Ausläufern nach vorn und hinten. Bei unseren Stücken ist diese Grube selten und nur bei jungen Exemplaren sichtbar, da meist auch bei Stücken, die sonst Steinkerne sind, ein Theil der Schlosswulst unter der Spitze erhalten bleibt. Sehr häufig dagegen sieht man, wenn die Faserschicht auf der Oberfläche der Schaale fehlt (T. VI, f. 5, T. VII, f. 7), eine von unterhalb der Spitze ausgehende und sich nach hinten erweiternde mehr oder weniger tiefe Hohlkehle, auch an solchen Exemplaren bei denen sich die Perlmutterschicht erhalten hat (T. VIII, f. 14). Diese Hohlkehle entspricht der Randverdickung der Faserschicht von der hinteren Falte bis zum Beginn der eigentlichen aus Plättchen bestehenden Schlosswulst, die, wie erwähnt (T. VIII, f. 14), noch über den Umschlag der Perlmutterschicht im Durchschnitt hervorragt.

Die Oberflächenzeichnung der Schaale ist verschieden auf der Aussen- und auf der Innenseite oder, was dasselbe sagen will, auf der Faserschicht und auf dem Steinkern, wie das schon A. Römer l. c. p. 197 hervorgehoben hat. Die concentrischen Rippen erscheinen auf der Faserschicht regelmässig, einfach, flach gerundet, anfangs dicht gedrängt, später weiter auseinander tretend und oft undeutlicher werdend. Auf dem steilen Abfall der Vorderseite verlieren sie sich ganz, nach dem Schloss zu verlaufen sie aber in weitem, schliesslich wieder nach vorn gekehrtem Bogen (T. VII, f. 8, 10) dicht gedrängt und feiner werdend (T. VII, f. 6) bis zum Rande. Der Scheitel der concentrischen Rippen liegt näher zum Hinter- als zum Vorderrande, entsprechend der höchsten Wölbung der Schaale und ihrer allgemeinen Form. Bei mehr viereckigen Formen (T. VII, f. 2) erscheinen auch die concentrischen Rippen etwas winklig. An den Kreuzungsstellen mit den Radialrippen bemerkt man auf der wohl erhaltenen Oberfläche nur ganz flache Knoten oder gar keine (wie auch an der ältesten Darstellung Sow. Miner. conch. t. 604 zu sehen ist, die auf ein Stück mit erhaltener Faserschicht sich bezieht). Die vordere und hintere Radialfalte, die den Beginn der stärkeren Entwicklung der Faserschicht bezeichnen, sind bei vollkommen erhaltener Schaale meist gar nicht auf der Oberfläche markirt.

Auf dem Steinkern ist die hintere Falte immer, die vordere häufig markirt. Die concentrischen Rippen sind ungleich stark, viel schärfer, nach vorn (auf der vorderen Abstufung) und hinten (an der Falte) zu Bündeln aus 2—4 Rippen verbunden (T. VI, f. 3, T. VII, f. 8, 9). Auf der oben erwähnten Hohlkehle am Schlossrande sind sie gar nicht mehr vorhanden. Sind zwei hintere Radialfalten da (T. VII, f. 9), so sind die concentrischen Rippen zu Bündeln vereinigt in dem Zwischenraum zwischen beiden Falten noch erkennbar. An den Kreuzungsstellen mit den Radialrippen sind die Knoten, namentlich an grösseren Exemplaren nach dem Umfang zu, immer scharf hervorgehoben, auch wenn die Perlmutterschicht den Steinkern noch bedeckt.

Die Radialrippen zeigen nach ihrem Verlauf und ihrer Beschaffenheit mehrfache

Variationen. Die Linie, von der die Rippen fiederförmig in nach hinten offenen Winkeln ausgehen, liegt näher zum Schlossrand als zur Vorderseite, entsprechend dem Krümmungsscheitel der Anwachsstreifen. Sie beginnt an der Spitze und endet an der Vereinigung der Unter- und Hinterseite der Schaale. Ihr Ende pflegt durch eine kurze unpaare Rippe bezeichnet zu sein. Bei einer abweichenden, ziemlich seltenen Form (T. VII, f. 4) verlaufen die vorderen Rippen bis nahe an den Schlossrand und kreuzen die hinteren Rippen, die ebenfalls weiter nach vorn rücken. In anderen Fällen (T. VII, f. 3) erkennt man die Rippen nur am Umkreis der Schaale und die Mitte bleibt frei. Es kommt auch vor (T. VII, f. 2), dass nur die vorderen Radialrippen deutlich ausgebildet sind.

Die Rippen sind immer gerundet, wellenförmig, erheben sich aber ungleich stark über die Oberfläche.

Als Regel darf gelten, dass die Radialrippen nicht bis in die äusserste Spitze hinaufrücken. Aber während bei manchen Formen nur ein paar Millimeter von der Spitze keine Rippen zu erkennen sind (T. VII, f. 1), erstreckt sich der rippenlose Raum bei anderen auf mehrere Quadratzoll (T. VI, f. 1, 2), und junge Exemplare dieser Form könnten schwer mit gleich grossen radial Berippten vereinigt werden, wenn wir nicht alle Uebergänge besässen. Die vorderen Rippen sind im Allgemeinen stärker und zuweilen, namentlich bei jüngeren Stücken, allein vorhanden (T. VII, f. 2, 5); sie verlaufen immer bogenförmig mit der Oeffnung des Bogens nach vorn, während die schwächeren hinteren Rippen bisweilen geradlinig sind.

Die Vorderrippen endigen entweder allmählich bei gewölbter, oder plötzlich bei steil abfallender Vorderseite (T. VI, f. 2).

Die hinteren Rippen reichen entweder nur bis an den Schlossflügel (T. VII, f. 6) oder die hintere Falte (T. VI, f. 5, T. VII, f. 7), oder sie reichen bis an den Schlossrand (T. VI, f. 3) und sind dann hier besonders stark ausgebildet und steil aufwärts gebogen.

Die Rippen schwellen in ihrem Verlauf entweder gleichmässig an (bei gleichmässig gewölbter Schaale) oder sie sind anfangs sehr stark, hören dann bei einem Absatz in der Schaale ganz auf, um dann allmählich wieder anzuschwellen (T. VI, f. 7, in schwächerem Grade auch in T. VII, f. 5). In diesem letzteren Fall ist die Schaale anfangs stark gewölbt, später verflacht, und zeigt einen deutlichen Absatz in ihrem Wachsthum.

Es hält schwer, bestimmte Varietäten aufzustellen, da die Kennzeichen sich so vielfältig unter einander combiniren.

Folgende Formen dürften als abweichend noch besonders hervorzuheben sein:

Var. decussata T. VII, f. 4. Die vorderen und hinteren Rippen kreuzen sich. Selten und unvollständig bei Cap Dui gefunden.

Var. irregulari-costata T. VIII, f. 15. Die Radialrippen sind unregelmässig gewunden, ohne deutliche fiederförmige Anordnung. Selten bei Cap Dui.

Var. abrupte costata T. VI, f. 3. Der Vorderrand steil, mit deutlicher Falte auf dem Steinkern. An der Falte brechen die sehr hohen Rippen plötzlich steil ab. Der Schlossflügel zeigt bis zum Rande eine Reihe flachgewölbter, sehr stark aufwärts gebogener Radialrippen, die sich von den geraden, schwachen, gewöhnlichen hinteren Rippen scharf abheben.

Beim Zusammentreffen der obigen Kennzeichen variirt diese Form immer noch in weiter oder näher vom Wirbel beginnenden Radialrippen und in gleichmässiger oder abgesetzter Wölbung der Schaale. Einige Exemplare bei Dui gefunden.

Die übrigen Formen lassen keine besondere Charakteristik zu: namentlich sind die früher oder später beginnenden, schwächeren oder stärkeren Radialrippen, die flachere oder gewölbtere Form der Schaale, die gleichmässige oder abgesetzte Wölbung, der mehr eirunde, viereckige oder schinkenförmige Umriss in allen Uebergängen vertreten.

Fundort. An allen Localitäten der Kreideformation auf Sachalin häufig, besonders bei Dui, wo die faserigen Inoceramenschaalen einen beträchtlichen Theil der Felsmasse zusammensetzen; dann bei Rukusnai, Manue, Cap Bellingshausen und Donto-tussé, am seltensten am Cap Rimnik, von wo ich nur Durchschnitte der Faserschicht gesehen habe.

Anomia variata Stol. Tab. V, f. 8, 9.

Anomia variata Stol. l. c. p. 479, t. 48, f. 9—12.

Es liegen uns einige obere Schaalen (5—30 mm. im Längsdurchmesser) vor, die wir zu dieser Art glauben bringen zu können. Die Spitze ist stumpf, submarginal, vorn oder an der Mitte des Schlossrandes gelegen, der grosse dreieckige Muskeleindruck ist sehr deutlich. Die Oberfläche ist concentrisch gestreift, etwas wellig. Radiale Rippen sind keine vorhanden; die Fig. 9 und 10 bei Stoliczka entsprechen unseren Formen am meisten. Abweichend ist die ziemlich starke blättrige Schaale, auch kann ich nicht deutlich sehen, ob der Schlossrand eingebogen ist.

Fundort. Mehrere Exemplare aus einem Handstück vom Rukusnai, ausserdem Proben von Manue und Cap Rimnik; Alles von Lopatin.

Ausser den oben ausführlicher besprochenen Muscheln befinden sich in meiner Sammlung noch eine *Gongyoma*, eine *Astarte*, eine *Cardita*, ein kleiner radial gerippter *Pecten* und eine *Ostrea* von Dui, die ich alle ihres unvollkommenen Erhaltungszustandes wegen nicht genauer beschreiben und bestimmen kann.

Brachiopoden.

Rhynchonella plicatilis Sow. Tab. VIII, f. 16, 18, 19, 20.

Rhynchonella plicatilis Sow. Davidson, britt. cret. Brachiop. p. 75, t. 8 (wo auch die übrigen Synonyme nachzusehen).

Wie schon in der Einleitung bemerkt, habe ich meine Rhynchonellen wegen ihrer mangelhaften Erhaltung nicht genauer bestimmen können. Die vier oben citirten Figuren meiner Tab. VIII dürften aber doch mit ziemlicher Sicherheit zu der *R. plicatilis* und octo-

plicata nach Davidson's Auffassung gehören. Fig. 18 stellt eine deutliche *octoplicata Sow* dar. Auch verschobene Formen, wie sie Davidson und d'Orbigny (terr. crét. Brachiop. t. 496. f. 14—16) anführen, kommen nicht selten vor.

Fundort. Cap Dui und Manne, nicht selten.

In Fig. 17 auf Tab. VIII habe ich eine ungerippte Form abgebildet, die an *R. limbata Schl.* erinnert, und in f. 21 und 22 eine flache, nach dem Bauchrande verbreiterte, fast dreieckige Form, die am nächsten mit *R. latissima Sow.* zu stimmen scheint. Die letzteren Exemplare sind sämmtlich von Cap Dui.

Erklärung der Tafeln.

Tab. I.

Fig. 1. *Nautilus pseudo-elegans* d'Orb. in halber Grösse, von Dui.
Fig. 2. Ein Theil der Oberfläche der letzten Windung in natürlicher Grösse, um den Verlauf der Quer-
rippen zu zeigen, von dem nämlichen Stück.
Fig. 3. *Ammonites Velledae* Mich. in halber Grösse. Cap Dui
Fig. 4. Ein Theil der Oberfläche davon, natürliche Grösse.
Fig. 5. *Ammonites planulatus* Sow. von Cap Rismik.
Fig. 6. Durchschnitt der letzten Windung, von dem nämlichen Stück
Fig. 7. Ein Theil der Lobenzeichnung von dem nämlichen Stück. Der Rückenlobus war nicht zu er-
kennen.
Fig. 8. *Ammonites peramplus* Mant. Ein grosses Exemplar von der Seite, in ⅓ Grösse. Cap Dui.
Fig. 9. Das nämliche Stück vom Rücken.
Fig. 10. Ein stärker zusammengedrücktes Exemplar derselben Art, natürliche Grösse. Von Gilaken er-
halten.
Fig. 11. Ein Steinkern mit starken Rippen von der Seite. Natürliche Grösse. Cap Dui.
Fig. 12. Mundungstheil eines ähnlichen Stücks. Cap Dui.
Fig. 13. Abdruck der Windungen eines grösseren Exemplars von Manue. ⅓ Grösse.
Fig. 14. *Ammonites Prosperianus* d'Orb. das Junge des A. peramplus. Natürliche Grösse. Cap Dui.
Fig. 15. Lobenzeichnung von dem Exemplar Fig. 10.

Tab. II.

Fig. 1. *Ammonites Sacya* Forb. Steinkern, von der Seite. Von Gilaken in Dui erhalten. Natürliche
Grösse.
Fig. 2. Dasselbe Stück vom Rücken gesehen.
Fig. 3. Ein Exemplar derselben Art mit erhaltener Oberflächenzeichnung. Natürliche Grösse. Cap Dui.
Fig. 4. Oberfläche des Rückens von einem anderen Exemplar. Cap Dui
Fig. 5. Lobenzeichnung des Stücks Fig. 1.
Fig. 6. Abdruck der Windungen eines anderen Stücks. Cap Dui.
Fig. 7. *Ammonites Timotheanus* Mayer. Natürliche Grösse. Rukuwai.
Fig. 8. Das nämliche Stück vom Rücken.

Fig. 9. Ein anderes Exemplar mit divergirenden Furchen und einer eigenthümlichen Anschwellung an der Mündung. Cap. Dui.

Fig. 10. Lobenzeichnung (ohne den Rückenlobus) von einer äusseren Windung des Stücks Fig. 7.

Fig. 11. Vollständige Lobenzeichnung von einer inneren Windung des nämlichen Stücks.

Fig. 12. *Ptychoceras gaultinum* Pict. *aff.* Zweimal vergrössert. Rukumai.

Fig. 13. Durchschnitt des nämlichen Exemplars.

Fig. 14. Bruchstück eines anderen Exemplars, ebendaher.

Fig. 15. Das nämliche Exemplar vom Rücken.

Fig. 16. Lobenzeichnung des nämlichen Exemplars.

Fig. 17. *Helcion giganteus* n. sp. var. *depressa*. Natürliche Grösse. Cap Dui.

Fig. 18. *Helcion giganteus* var. *nasuta*. Natürliche Grösse. Ebendaher. Die Spitze ist weniger niedergedrückt.

Tab. III.

Fig. 1. *Helcion giganteus* var. *depressa*. Seitenansicht eines grossen Exemplars. $\frac{1}{2}$ Grösse. Cap Dui.

Fig. 2. *Helcion giganteus* var. *nasuta*. Seitenansicht in $\frac{2}{3}$ Grösse. Ebendaher.

Fig. 3. Seitenansicht in $\frac{1}{2}$ Grösse einer abweichenden Form der nämlichen Varietät. Cap Dui.

Fig. 4. *Helcion giganteus* var. *retracta*. Natürliche Grösse. Cap Dui.

Fig. 5. *Helcion giganteus* var. *centralis*. $\frac{1}{2}$ Grösse. Ebendaher.

Fig. 6. Ansicht von der Spitze eines Exemplars der var. *depressa* mit dicker Schaale, deren blättrige Structur zu erkennen ist. Cap Dui.

Fig. 7. Ansicht von der Spitzenseite eines Exemplars der var. *retracta*. Cap Dui. Nicht gelungen.

Fig. 8. Ein junges Exemplar der var. *depressa* von oben. Natürliche Grösse. Cap Dui.

Fig. 9. Ein junges Exemplar der var. *centralis* von der Seite. Natürliche Grösse. Manue.

Fig. 10. Ansicht von der Spitze eines Exemplars der var. *nasuta*. Cap Dui.

Fig. 11. *Patella* sp. Dreifache Grösse. Cap Dui.

Tab. IV.

Fig. 1. *Trachytriton sachalinensis* n. sp. a. Von der Seite. Auf der letzten Windung eine vertikale Reihe von Eindrücken zu erkennen, entsprechend einem inneren Varix. Natürliche Grösse. Cap Dui. b. Ein Exemplar derselben Art von der Seite. Ebendaher.

Fig. 2. *Trachytriton divesus* n. sp. a. Von der Seite. natürliche Grösse. Cap Dui. b. c. Seiten- und Mündungsansicht eines kleineren Exemplars, ebendaher, mit inneren Varices.

Fig. 3. *Solariella radiatula* Forb. Seiten- und Mündungsansicht eines Exemplars von Rukumai.

Fig. 4, 5. Andere Stücke der nämlichen Art, in der Zeichnung etwas abweichend, von Cap Dui.

Fig. 6. *Discohelix sachalinensis* n. sp. von beiden Seiten. Stark vergrössert. Cap Dui.

Fig. 7. *Pholadomya sachalinensis* n. sp. a. Von der Seite, b. von vorn, c. vom Schloss gesehen. Natürliche Grösse. Cap Dui.

Fig. 8. *Pholadomya Glebus* n. sp. a. Von der Seite, b. von vorn, c. vom Schloss gesehen. Natürliche Grösse. Cap Dui.

Tab. V.

Fig. 1. *Protocardium* sp. a. Seitenansicht. b. die Rippen der Hinterseite stärker vergrössert. Cap Dui.

Fig. 2, 3. *Trigonia* sp. Einzelne Schaalen. Cap Dui.

Fig. 4. Ganzes Exemplar einer ähnlichen Form. Ebendaher.

Fig. 5. *Cucullaea sachalinensis* n. sp. a. Mit der Schaale. b. Steinkern. Von Manue. (Auf T VIII verbesserte Darstellung.)

Fig. 6. *Cucullaea (Macrodon) japetica* Forb. aff. a. b. Steinkern. c Steinkern mit Oberflächenzeichnung. Alle Stücke von Cap Dui.

Fig. 7. *Cucullaea striatella Mich.* aff. a. Von der Seite. b. vom Schloss gesehen. Cap Dui

Fig. 8. *Inonimia carinata Stol. aff.* Natürliche Grösse. Kuku-nai. Die Schaale zum Theil erhalten.

Fig. 9. Ein kleineres Exemplar, ebendaher. a. Von der Seite. b. von der Spitze gesehen.

Fig. 10, 11 *Inoceramus digitatus Sow.* A. Roemer. Nach Exemplaren vom Sudmerberge bei Goslar, deren Zeichnungen durch Prof. v. Seebach aus Göttingen eingeschickt worden.

Tab. VI.

Inoceramus digitatus Sow. A. Roemer von Cap Dui

Fig. 1, 2. Grosse Exemplare, stark verkleinert, mit spät beginnenden Rippen. In Fig. 1 die Schlossfalte deutlich zu sehen.

Fig. 3. Ein verkleinertes Exemplar der *var. abrupta costata*, mit sehr starken Rippen.

Fig. 4. Ein Exemplar mit beiden Schaalen und erhaltener Faserschicht. Natürliche Grösse.

Fig. 5. Ein Steinkern mit deutlicher Schlossfalte und Radialrippen, die nahe der Spitze beginnen.

Fig. 6. Ein grosses Exemplar der nämlichen Form in ½ natürlicher Grösse.

Fig. 7. Ein Exemplar, das nahe der Spitze stark gewölbt und mit starken Rippen versehen ist, später aber sich abflacht.

Tab. VII.

Inoceramus digitatus Sow. Ebenfalls alle Exemplare von Cap Dui

Fig. 1. Ein sehr stark gewölbtes Exemplar mit wenigen Radialrippen.

Fig. 2. Ein Steinkern mit vierseitigem Umriss, ohne hintere Radialrippen. An *I. decussatus Stol.* erinnernd.

Fig. 3. Ein Stück, dessen Rippen nur am Rande erkennbar sind.

Fig. 4. Ein unvollkommenes Exemplar der *var. decussato-costata*.

Fig. 5. Ein Steinkern mit erhaltener Schlosswulst. Das Stück ähnelt sehr dem *I. undulato-costatus F. Roemer*.

Fig. 6. Ein Stück mit erhaltener Faserschicht und deutlichem Schlossflügel.

Fig. 7. Beide Schaalen einer Muschel zusammenstossend, um die Gleichartigkeit derselben zu zeigen.

Fig. 8. Stück eines Steinkerns mit zum Theil erhaltener Schlosswölbung und deutlichem Abdruck des Schlossflügels.

Fig. 9. Ein ähnlicher Steinkern mit zwei Schlossfalten.

Fig. 10. Ein Stück mit erhaltener Oberschaale und einer Spalte an Stelle der Schlossfalte.

Fig. 11. Schlossansicht des Exemplars Fig. 5.

Fig. 12. Schlossansicht eines anderen Stücks mit deutlicher vorderer Verdickung der Faserschicht.

Fig. 13. Ansicht einer Schlosswulst von unten mit einer Grube unter der Spitze.

Fig. 14. Dasselbe Stück von oben. Die Spitze der Schaale über der Schlosswulst erhalten, die vordere Falte mit der vorderen Verdickung deutlich.

Fig. 15. Durchschnitt der Schlosswulst vergrössert, von dem Stück Fig. 12. Man erkennt die strahlig sich zerfasernden Plättchen und die angelagerte Faserschicht der Schaale selbst, die fälschlich nach unten gewandt ist.

Fig. 16. Durchschnitt der Schlosswulst von einem anderen Stück, Die Zerfaserung der Plättchen geht von einer Mittellinie aus.

Fig. 17. Vergrösserte Ansicht eines Theils der zerbrochenen Schlosswulst unter der Spitze, von dem Stück Fig. 8. Man sieht die Krümmung der einzelnen Plättchen.

Tab. VIII Ergänzungstafel.

Fig. 1. *Trachytriton sachalinensis* von der Mündungsseite mit deutlichen falschen Varices auf der Oberfläche (das nämliche Stück wie T. IV, f. 1 a).

Fig. 2. Ein verkleinertes Exemplar von *Helcion giganteus var. depressa* von Cap Dui, um die Variationen in der Vertheilung der Rippen zu zeigen.

Fig. 3. Ein Stück derselben Art in natürlicher Grösse, das in der Mitte zwischen des *var. depressa* und *retracta* steht, mit eigenthümlicher Theilung der Rippen. Cap Dui.

Fig. 4. *Helcion giganteus var. centralis* mit sehr complicirter Oberflächenzeichnung a. Von oben, b, im Durchschnitt von der Seite. Cap Dui.

Fig. 5. Ein junges Stück derselben *var. centralis* von der Seite gesehen. Manue.

Fig. 6. *Cucullaea sachalinensis* n. sp. Steinkern mit erhaltener Oberflächenzeichnung. Cap Dui.

Fig. 7. Steinkern derselben Art, von Manue. Verbesserte Zeichnung von T. V, f. 5 b.

Fig. 8. *Macrodon japonicum Forb. aff.* Cap Dui.

Fig. 9. *Inoceramus digitatus Sow.* Ansicht des Schlosses von T. VII. Fig. 11 von unten, um den sägeartigen Vorsprung unter der Spitze zu zeigen.

Fig. 10. Ansicht der Schlosswulst am Flügel von f. 8 auf T. VII, von unten, um den Anschluss an die Faserschicht zu zeigen.

Fig. 11. Das nämliche Stück im Durchschnitt nach der in f. 10 angedeuteten Linie, um den Umschlag der Faserschicht zu zeigen.

Fig. 12. Ansicht der Schlosswulst unter der Spitze, von oben, um die Radialfurchen auf derselben zu zeigen und die Anlagerung der vorderen Verdickung der Faserschicht. Ergänzung zu T. VII, f. 14.

Fig. 13. Bruchstück eines kleinen Exemplars der nämlichen Art, an dem im Durchschnitt der beginnende Umschlag der Faserschicht zu erkennen ist.

Fig. 14. Ein Stück der nämlichen Art von Rukuwai mit erhaltener Perlmutterschaale, über der am Schlossrande der Durchschnitt der Faserschicht zu erkennen ist.

Fig. 15. *Inoceramus digitatus var. irregulari-costata.* Verkleinerte Ansicht eines Exemplars von Cap Dui.

Fig. 16. *Rhynchonella plicatilis Sow.* Steinkern von Cap Dui.

Fig. 17. Eine *Rhynchonella,* die wegen ihrer deutlichen Anwachsstreifen und der schwarzen Rippen an *A. limbata Schl.* erinnert.

Fig. 18. Eine andere Form, die durch die wegen der zu zwei und zwei verbundenen Falten am Rande des Sinus zu *R. octoplicata Sow.* zu stellen ist.

Fig. 19,20. Eine andere Form mit einfachen Falten im Sinus.

Fig. 21,22. Eine flache dreiseitige *Rhynchonella,* zunächst mit *R. latissima Sow.* zu vergleichen.

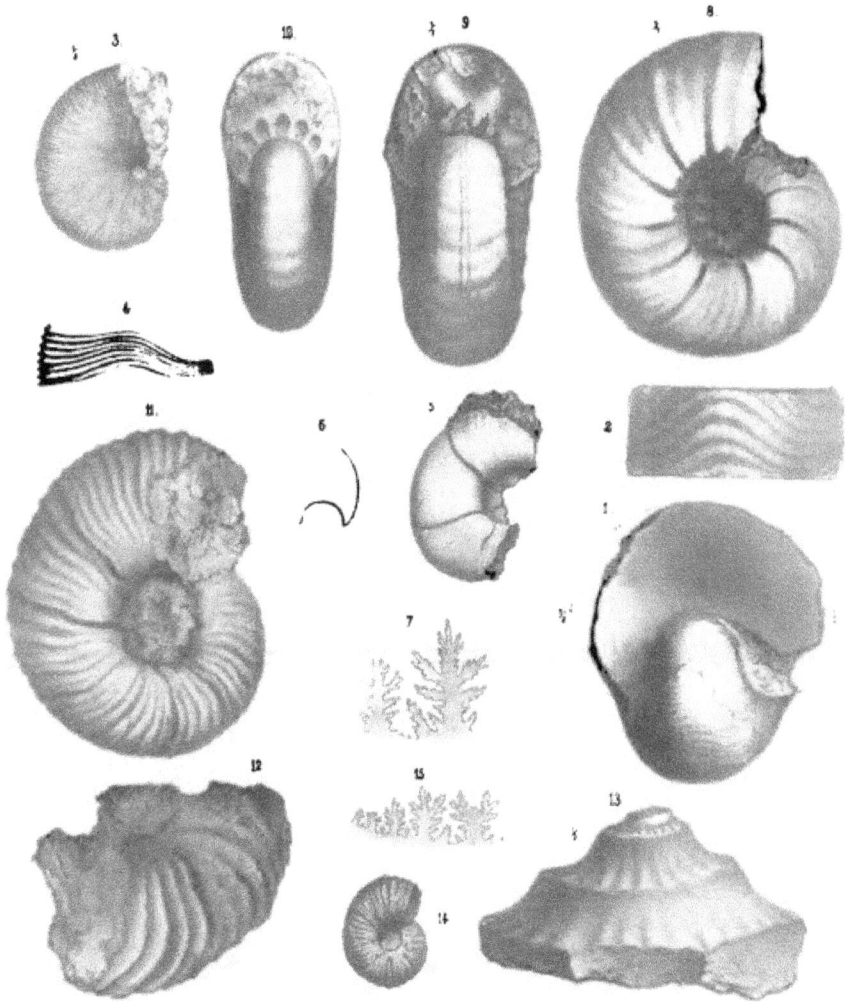

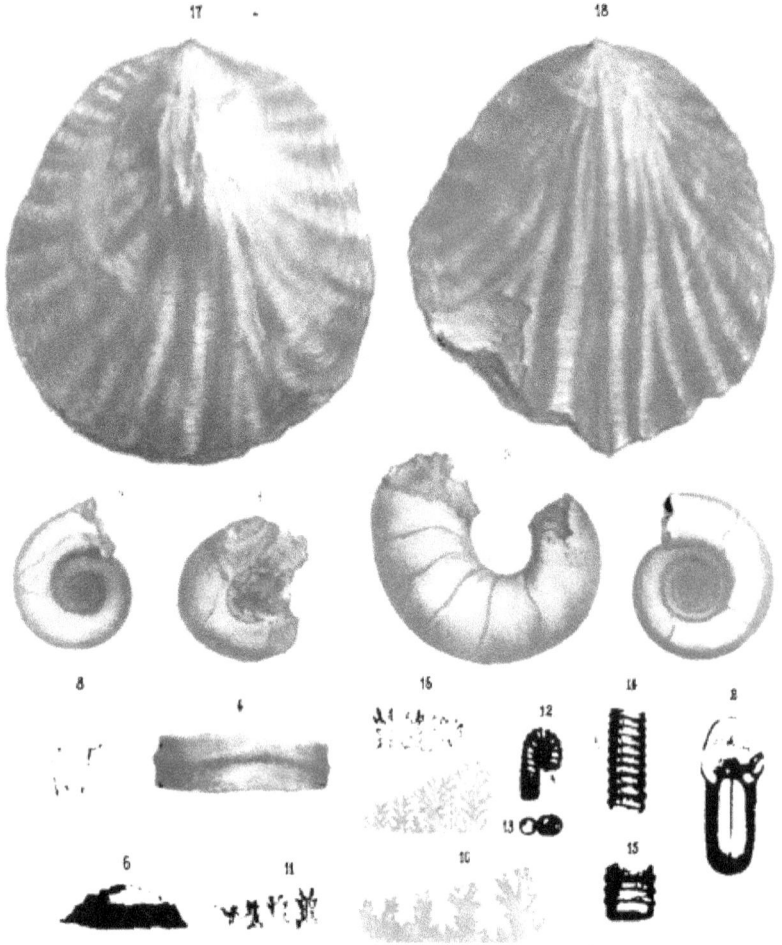

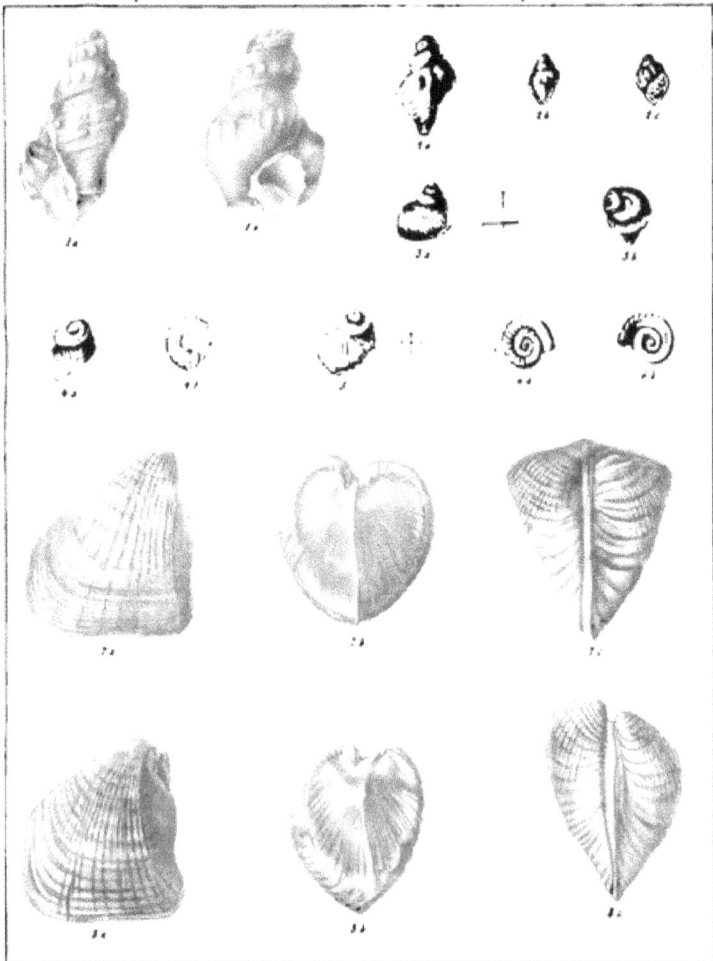

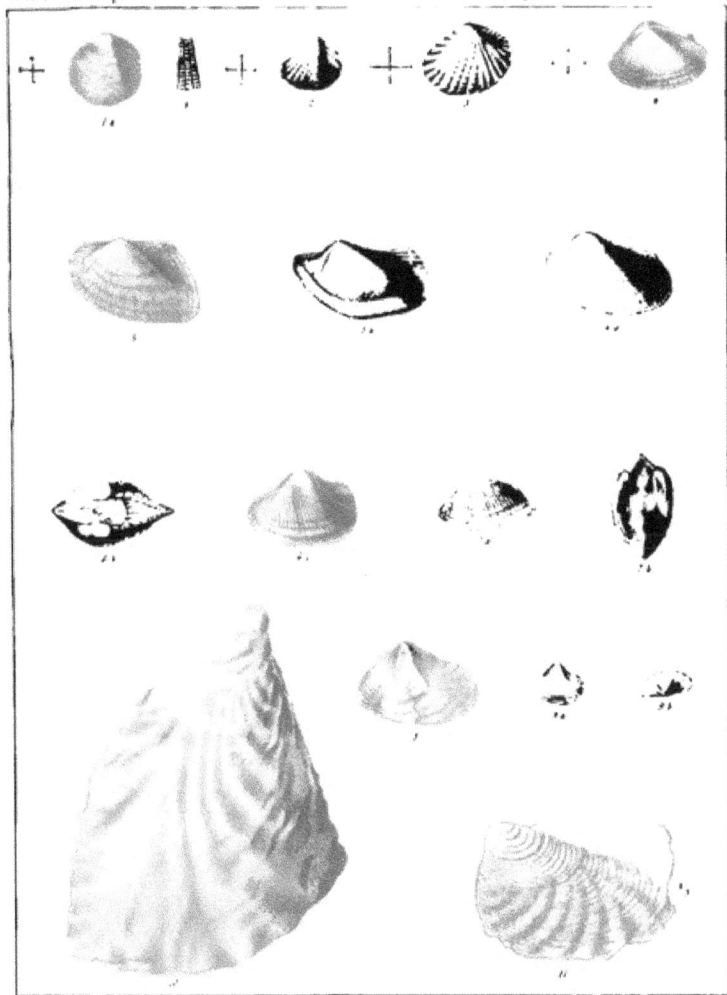

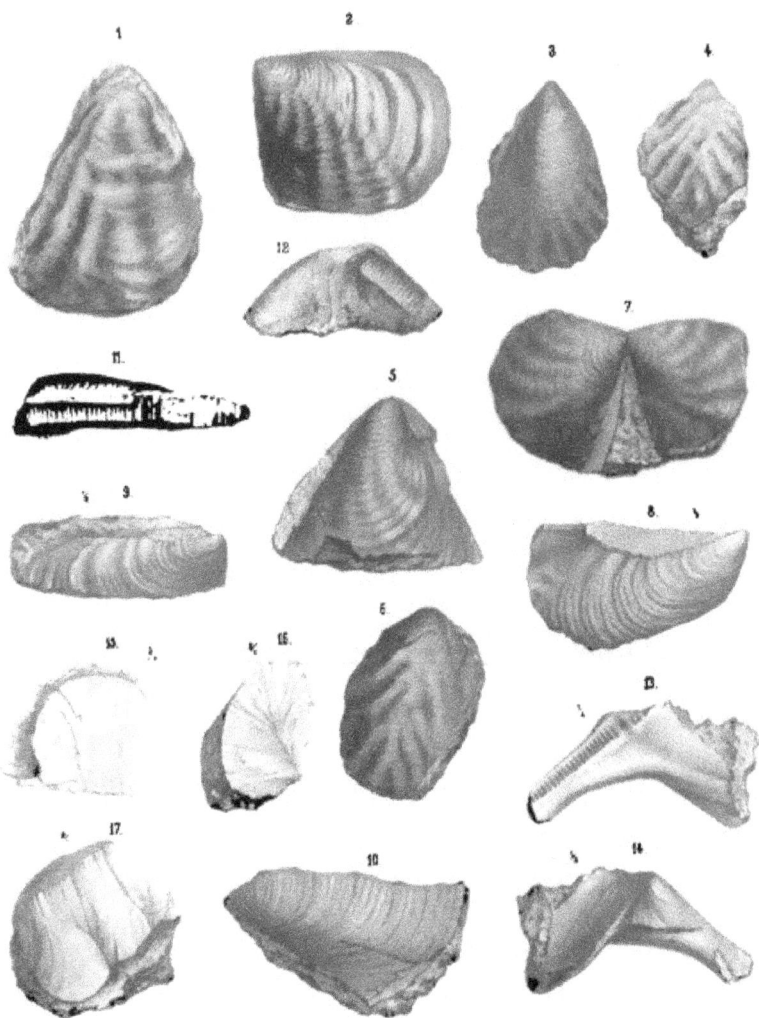

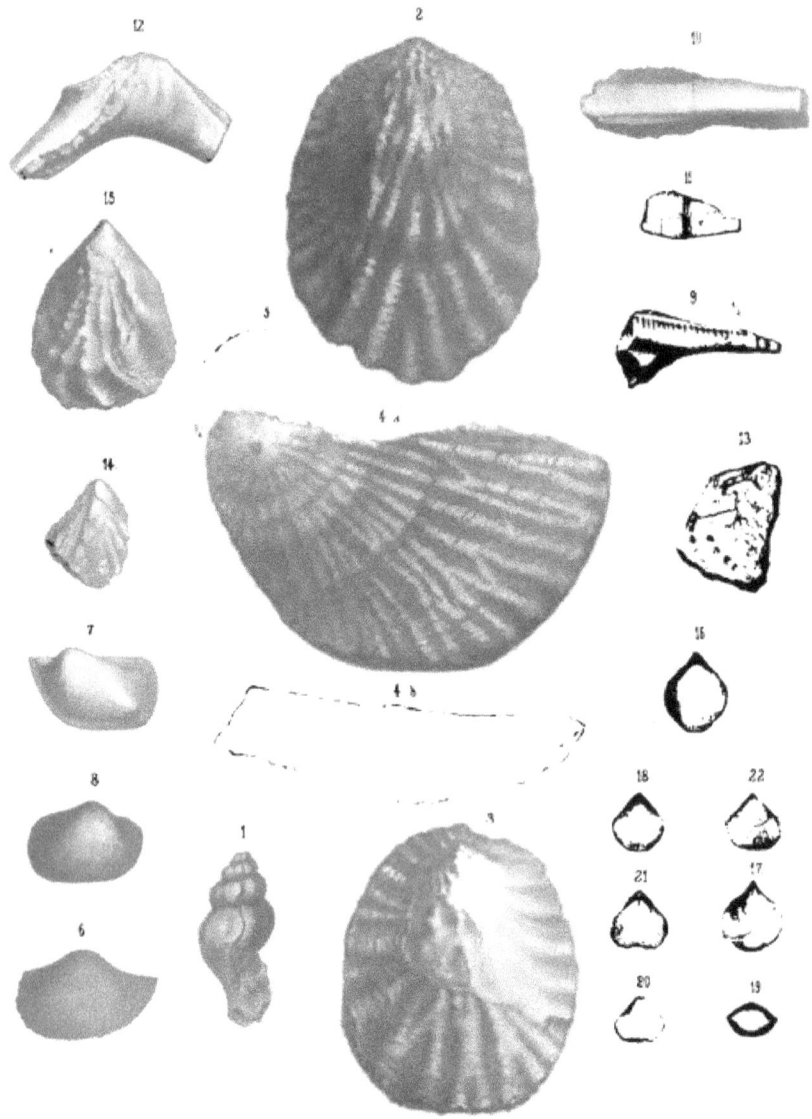

www.ingramcontent.com/pod-product-compliance
Lightning Source LLC
Chambersburg PA
CBHW032119080426
42733CB00008B/995